DAS ULTIMATIVE BÖRSE FÜR EINSTEIGER HANDBUCH

WIE SIE DIE BÖRSE UND ALLE INVESTMENT MÖGLICHKEITEN WIE AKTIEN, ETFS & CO. IM HANDUMDREHEN VERSTEHEN UND AN DER BÖRSE ERFOLGREICH AGIEREN UND INVESTIEREN

INHALT

Erster Teil: Grundlagen der Börse

EINLEITUNG

Um das Investieren zu verstehen, muss man die Wirkungsmechanismen und die Prinzipien der Börse verstehen. Tut man das, ist es schon die halbe Miete. Die Berichterstattung rund um die Börse kann manchmal sehr erschreckend sein. Man hört Dinge wie Börsencrash, Dotcom-Bubble, Unsicherheit auf dem Börsenparkett und so weiter. Verbunden mit diesen Nachrichten stürzen sich Journalisten auf emotionale Geschichten hinter den Fehlern und der Gier der Großkonzerne. Sie berichten von Menschen, die in Börsencrashs alles verloren haben, und darüber, wie gierig und machtbesessen die Konzerne sind. Sie berichten von Familienvätern, die ihre Kinder nicht mehr ernähren können, weil sie die ganzen Familienersparnisse an der Börse verloren haben.

Der typische Börsenmakler trägt in der Vorstellung der meisten Menschen einen grauen Anzug und eine teure Rolex-Armbanduhr. Filme wie „Wall Street" und „The Wolf of Wall Street" unterzeichnen dieses Klischee umso mehr. Börsenakteure sind demnach Männer, die tagsüber mit einem Schlag Millionen von Dollar verdienen und diese genauso wieder mit einem Schlag verlieren. Meist sind es Universitätsabsolventen, die von älteren, erfahrenen Mentoren in die Welt der Aktien geführt werden.

An der Wall Street zu arbeiten, gilt als Privileg. Natürlich sieht die Realität immer anders aus als ein Hollywood-Film. Es ist selbstverständlich, dass es gute und schlechte Tage an der Börse gibt, dass Kurse hoch und herunter gehen, dass Risiko involviert ist und dass einige Menschen Geld verlieren. Doch Sie müssen wissen, die meisten erfolgreichen Investoren sind langweilig im positiven Sinne und haben gute, langfristige Strategien, die sie tagtäglich nutzen, um ihr Vermögen zu vermehren. Sie haben viel

Zeit damit verbracht, die Regeln und die Basics des Marktes zu studieren und zu verinnerlichen. Sie verstehen, was ein gutes Risikomanagement ist, und gehen äußerst selten hochriskante Zockertrades ein. Es ist also wichtig, zu verstehen, dass Dramaturgie und eine übertriebene Darstellung der Börse nicht zur Realität gehören.

Um die Dinge in die richtige Perspektive zu bringen, kann der S&P 500, einer der wichtigsten Indizes der Welt, betrachtet werden. Der S&P 500 ist eine Liste der 500 wichtigsten Aktien der USA. Dieser Index ist auf der ganzen Welt als wichtiger Leitindex akzeptiert. Analysten vergleichen andere Investments und Entwicklungen von Wertpapieren oftmals mit ihm. Wenn man die Entwicklung des S&P 500 in einem 10-Jahres-Chart betrachtet, erkennt man sofort, dass die dramatischen Darstellungen der Presse übertrieben sind. Denn dieser Index wächst, seitdem er „auf der Welt ist". Natürlich erkennt man immer Höhen und Tiefen, aber über die Zeit betrachtet geht es nur nach oben. Ein langfristiges Investment in, zum Beispiel, einen S&P 500-Fonds, hätte demnach exponentielle Gewinne eingebracht. Wenn sich Presse und Nachrichtenagenturen Geschichten aussuchen, dann versuchen sie natürlich, die extremen Nachrichten zu übermitteln, da diese am meisten Zuschauer oder Leser anlocken.

Die Menschen, die viel Geld, gar ihre ganze Existenz auf dem Börsenparkett verloren haben, sind meistens die, die alles auf eine riskante Karte gesetzt haben, oder die, die mit geliehenem Geld gehandelt haben. Ein Auf und Ab an der Börse ist normal, genauso wie im Leben. Wichtig ist es, nicht die Nerven in den Tiefphasen zu verlieren und aus Angst vor weiteren Tiefs überstürzt mit massiven Verlusten zu verkaufen. Wenn Sie in einer Rodelbahn sitzen, die über Berg und Tal gebaut ist, ist es wichtig, bei Turbulenzen nicht einfach aus der fahrenden Bahn herauszuspringen, sondern gelassen im Sitz zu bleiben. Denn wer während der Talfahrt herausspringt, verletzt sich. Haben Sie Vertrauen in den Markt, denn der Markt hat sich schon immer erholt und wird es auch weiterhin tun. Der schlimmste Fehler ist, zum schlechtmöglichsten Zeitpunkt zu verkaufen, denn von diesen Verlusten erholt man sich nicht so schnell.

Ein aktuelles Beispiel ist die Corona-Pandemie. Die weltweite Ausbreitung des Virus hat die Wirtschaft und die Kapitalmärkte hart getroffen. Ein Kollaps konnte jedoch durch gute Geldpolitik der Zentralbanken und der Politik abgewendet werden. Notfallpakete werden heute durch Stimulationspakete ersetzt. Mit fortschreitender Immunisierung durch weltweite Impfkampagnen beginnen die Märkte nun wieder zu erblühen. Der Optimismus ist wieder an der Börse angekommen.

Was auffällt, ist, dass die konservativen Anlageformen dennoch weiterhin unter Niveau bleiben. Es gibt keine Anzeichen für positive Zinssätze auf Einlagen. Im Gegenteil, man muss auf Einlagen über 100.000 EUR bei den meisten Banken draufzahlen. Diese Gebühr wird Verwahrentgelt genannt. Hintergrund ist, dass die Geldpolitik der Europäischen Zentralbank (EZB) der vergangenen Jahre zu einer lang anhaltenden Negativzinsphase geführt hat. Eine positive Zinswende ist noch immer nicht in Sicht, was für die Banken bedeutet, dass sie noch länger mit Negativzinsen konfrontiert sein werden. Viele Banken haben es lange geschafft, das Geld auf den Kapitalmärkten zu Negativzinsen zu refinanzieren, jedoch wird der Druck immer größer und die Banken fangen nun an, die Belastung eben an die Kunden weiterzugeben.

Mit Sicherheit erinnern sich noch viele an das berühmte Sparbuch, das man zum Schulstart bekam. Dieses Sparbuch macht heute überhaupt keinen Sinn mehr. In Zeiten von Negativzinsen und unsicherer Rente ist es umso wichtiger, sein Geld sinnvoll anzulegen, am besten in ein Investment, das auch wirklich Rendite bringt. Die besten Renditen können nun einmal an der Börse erzielt werden. Viele Menschen, insbesondere die etwas ältere Generation, scheuen sich vor der Börse. Dabei bietet sie die besten Möglichkeiten, einen angenehmen Ruhestand zu haben. Junge Menschen haben das erkannt und nutzen die Vorteile der alternativen Altersvorsorge. Sie nehmen ihre Finanzen selbst in die Hand.

Dieser Ratgeber geht von der Makroperspektive in die Mikroperspektive der Börse, das soll heißen: Zunächst bekommen Sie eine Einleitung in die Entstehungsgeschichte der Börse. Die derzeit größten Börsen werden vorgestellt und Sie erhalten ein Verständnis dafür, dass es auch verschiedene Arten von Börsen gibt. Nachdem ein grundlegendes Verständnis für die Börse als Institut hergestellt ist, widmet sich der Ratgeber den Einflüssen auf die Börse. Wer ist direkter Teil des Börsenparketts und wer hat einen enormen Einfluss auf sie, ohne direkt vor Ort zu agieren?

Im zweiten Teil des Buches erfahren Sie alles, was Sie über Kennzahlen rund um die Börse (Index) wissen müssen. Anschließend lernen Sie mehr über die gängigen Handelsinstrumente innerhalb der Börsen. Nach einem grundlegenden Verständnis über die Wertpapiere an sich erfahren Sie, wie Sie Kennzahlen ermitteln können, die Sie für den Kauf oder Verkauf ebendieser Wertpapiere nutzen können. Aufbauend darauf werden Kauf- und Verkauf-Strategien im Sinne von Handelsstrategien vorgestellt. Abschließende Worte zum Risikomanagement sollen Sie darauf vorbereiten, wie Sie Ihr Risiko an der Börse möglichst klein halten können. Dieses Buch richtet sich an Anfänger, die nun bereit sind, ihr finanzielles Glück selbst anzugehen und sowohl langfristig als auch kurzfristig in Aktien und Co. zu investieren.

EINFÜHRUNG BÖRSE

Geschichte der Börse

Der Begriff der Börse geht auf eine belgische Kaufmannsfamilie zurück. Die Familie van der Beurse hatte drei Geldbeutel auf ihrem Wappen. Sie hatte ein Haus in Antwerpen, in dem regelmäßig Geschäftsessen mit italienischen Kaufleuten stattfanden. Das Wort Beurse wurde dann von der Familie selbst auf das Haus und von dem Haus selbst auf die regelmäßigen Treffen übertragen und von anderen europäischen Ländern adaptiert. Seit dem Mittelalter gelten Börsen als Ort zum Tauschen von Ware und zum Austausch von Wertpapieren. Zu dieser Zeit entstanden weitere Börsen in vielen deutschen und europäischen Städten. Somit sind die europäischen Börsen weit älter als die heute wichtigste Börse, die New York Stock Exchange. Die Vorteile einer Börse und des Handelns an einer Börse, im Vergleich zum Handel auf der Straße oder einem Geschäft, liegen klar auf der Hand: Die Börse bietet Preistransparenz und enorme Liquidität an einem Ort und reduziert somit auch die Transaktionskosten. Schutz vor Manipulation ist natürlich eine Voraussetzung, zum Beispiel durch gezielte Fehlinformationen oder durch Nutzung von Insiderwissen. Aus diesem Grund gibt es Börsenaufsichten, die auffällige Börsenentwicklungen untersuchen und um schnelle Aufklärung von Ungereimtheiten bemüht sind.

Die ältesten Börsen waren reine Warenbörsen. Zuerst wurden über sie vorwiegend landwirtschaftliche Produkte gehandelt, zum Beispiel Weizen und Mehl. In den heutigen modernen Zeiten wird eher auf Dinge wie Lithium oder Öl spekuliert. Später entwickelten sich dann Börsen, an denen die Produkte bzw. die Waren nicht mehr physisch anwesend waren, aber dafür theoretisch auf Papier, in Form eines Briefes mit Siegel. Solch ein Brief konnte beinhalten, dass einem eine bestimmte Ware zu einem bestimmten Zeitpunkt in der Zukunft zur Verfügung gestellt wird. Dies ist auch der Ursprung des heute bekannten Derivatehandels.

Die Verbriefung einer Ware hat seinen Ursprung in den Niederlanden zu der Zeit des Tulpenwahns. Es ist wirklich die echte Tulpe als Blume gemeint, die im 17. Jahrhundert zum ersten Börsencrash führte. Die Wette und die Spekulation auf zukünftige Lieferung hatten ihren Ursprung in den Niederlanden, als die Tulpe, besser gesagt ihre Zwiebel, zum Objekt der Begierde für jeden wurde. Den Niederlanden ging es zu der Zeit aufgrund von Übersee-Kolonien wirtschaftlich sehr gut und jeder, der etwas auf sich hielt, wollte diese Zwiebel besitzen, da die daraus entstehende Tulpe eine besondere war. Man muss wissen, dass die Tulpe ihren Ursprung nicht in Europa hat, sondern aus dem Osmanischen Reich importiert wurde. Sie war also etwas Exotisches und Besonderes. Die Tulpenzwiebel wurde zur

Handelsware der ganzen Nation. Sie wurde ab diesem Zeitpunkt in Auktionen, die meist in Gaststätten stattfanden, gehandelt. Da die Zwiebel so beliebt war, überstieg die Nachfrage sehr schnell das Angebot. Die Folge daraus war der enorme Preisanstieg. Jeder, der zu einem bestimmten Preis noch kaufen konnte, verkaufte sie daraufhin zu einem höheren Preis. Die Tulpenwurzel zirkulierte mehrmals am Tag und wechselte von Besitzer zu Besitzer. Die Spekulanten erhitzten den Handel immer mehr.

Die Hoffnung auf schnell verdientes Geld zog die Menschen nur so an. Zu diesem Zeitpunkt konnte ein Käufer auch Optionsscheine auf eine Tulpenzwiebel erwerben. Das heißt, er kaufte im wahrsten Sinne des Wortes einen Schein, auf dem angegeben war, wann er die Tulpe in der Zukunft bekommt. Menschen, die nicht ausreichend liquide waren, nahmen Kredite auf, da diese günstiger schienen als der Gewinn, der durch den Besitz einer Tulpe realisiert werden konnte.

Zu diesem Zeitpunkt erreichte der Preis für eine Tulpenzwiebel ungefähr den Preis, den man damals für ein Haus bezahlen musste. Der Zwiebelmarkt entwickelte sich in schnellster Zeit zu einem Tulpentermingeschäft. Die Zwiebeln der seltenen Blume wurden schon im Frühling versteigert, obwohl sie noch gar nicht gereift waren. Ob die Ware überhaupt gut oder schlecht ausfallen würde, blieb reine Spekulation.

Als sich später kein Käufer für ein besonders rares Exemplar der Blume mehr fand, war klar: Der Preissturz war nun da. Der Preis für die Blumenzwiebel sackte um 95 % ein. Die ausgegebenen Optionsscheine waren von heute auf morgen nichts mehr wert. Viele Investoren gerieten in Panik. Auch die Besitzscheine, die Vorläufer der heutigen Aktien, waren nur noch wertloses Papier. Dieser Crash, der sich hier leicht liest und wichtige historische Einblicke gibt, hatte zur Konsequenz, dass es eine ganze Generation dauerte, bis sich die niederländische Wirtschaft wieder erholt hatte. Viele Spekulanten hatten ihr ganzes Geld verloren. Der Hype um die Tulpenzwiebel war die erste, der Menschheit bekannte Spekulationsblase. Es ist bemerkenswert, dass alle damals gehandelten Finanzinstrumente auch heute noch so an den Börsen der Welt gehandelt werden. Die Finanzinstrumente, die heute maximale Rendite versprechen, sind meist die Derivate. Das sind künstlich geschaffene Produkte, die hochrisikoreich sind und nur gehandelt werden sollten, wenn man sie auch wirklich versteht. Zu den einzelnen Produkten gibt es später in diesem Buch einschlägige Erklärungen.

Heute findet man kaum noch Orte, an denen Ware physisch getauscht wird. Wenn wir an Börse denken, so ist das eine klassische Wertpapierbörse. Wenn Sie sich diesen Ort vorstellen, dann sehen Sie mit Sicherheit vor Ihrem geistigen Auge viele Menschen, die aufgeregt miteinander telefonieren und umringt sind von Bildschirmen, auf denen die tagesaktuellen Kurse der Wertpapiere laufen. Dieses Bild entspricht auch nicht mehr ganz der Realität, denn auch Börsen sind mittlerweile voll digitalisiert.

Der Handel findet in der Regel über Computerprogramme statt. Meist sind dies Computerprogramme, die mithilfe einer bestimmten Software, basierend auf Angebot und Nachfrage, Preise stellen. Sie wickeln die Übertragung von Aktien und anderen Wertpapieren automatisch online ab. Börsenmakler findet man deswegen heute meistens vor vielen Bildschirmen bei Finanzgesellschaften und Banken anstatt vor Ort auf dem Parkett. Sie leiten Kundenanfragen, meist von Großkonzernen oder mittelgroßen Unternehmen, an das System weiter. Dieser voll automatisierte Handel auf Basis von speziellen Computerprogrammen ersetzt sogar die Makler selbst! Diese Software kann innerhalb von Sekunden auf Preise reagieren und somit schneller als jeder Mensch kaufen und verkaufen. Die Schnelligkeit ist bei den großen Investoren zum essenziellen Faktor geworden. Sie entscheidet bei großen Handelsvolumen über große Gewinne bzw. Verluste.

Für die Preisfestsetzung von Rohstoffen, für Devisenpreise und generell für die gesamte Geldpolitik eines Landes spielen Börsen eine zentrale Rolle. Ohne eine Börse könnte kein Unternehmen Aktien ausgeben und somit auch nicht die Chance haben, Kapital für die Unternehmung und den Betrieb einzusammeln. Lernen Sie im Folgenden die größten Börsen der Welt kennen.

Die größten Börsen der Welt

Am bekanntesten ist wohl die New York Stock Exchange (NYSE). Stock Exchange ist der englische Begriff für Börse und heißt wörtlich übersetzt Aktientausch. Sie befindet sich in der berühmten Wall Street und an ihr sind ca. 2400 Unternehmen gelistet. Sie gehört zu den ältesten Börsen der Welt und wurde 1792 gegründet. Das tägliche Handelsvolumen an Aktien und anderen Wertpapieren insgesamt beträgt derzeit zwischen 2 und 6 Milliarden US-Dollar.

Die NASDAQ, eine weitere US-Börse, ansässig in New York, ist die zweitgrößte Börse auf der Welt. Die Abkürzung steht für National Association of Securities Dealers Automated Quotations, was auch gleich die Besonderheit dieser Börse aufzeigt. Sie ist komplett elektronisch und hat kein klassisches Börsenparkett. Sie wurde 1971 gegründet und derzeit sind 3000 Unternehmen an ihr gelistet. An einer Börse gelistet zu sein bedeutet, dass hier die Aktien oder andere Finanzinstrumente eines bestimmten, eben gelisteten, Unternehmens erworben werden können. Ob ein Unternehmen in die Liste einer Börse aufgenommen wird oder nicht, hängt von vielen Faktoren ab, die später im Kapitel „Akteure der Börse" erläutert werden.

Die drittgrößte Börse der Welt ist die Tokyo Stock Exchange (TSE). Sie befindet sich in Japan und hat derzeit 3500 Unternehmen gelistet. Der Leitindex Nikkei 225 repräsentiert die Performance der größten Unternehmen des Landes, darunter Honda, Sony usw. Die Börse war nach dem Zweiten Weltkrieg für ganze 4 Jahre inaktiv. Heute ist sie sicherer Arbeitgeber für über 1000 Mitarbeiter.

Den vierten Platz auf der Liste der größten Börsen der Welt nimmt die Shanghai Stock Exchange (SSE) ein. Relativ früh gegründet, im Jahr 1866, erfuhr diese Börse eine grundlegende Erneuerung im Jahr 1990. Derzeit sind 1450 Unternehmen in Shanghai gelistet. Die chinesische Börse kann und darf in Zeiten von Unsicherheit und Ungereimtheit vom chinesischen Staat reguliert, geöffnet und geschlossen werden.

Die fünftgrößte Börse der Welt ist die Euronext, ansässig in Amsterdam. Derzeit sind 1300 Unternehmen an ihr gelistet. Auf der Liste folgt auf Platz sechs die Hongkong Stock Exchange (HKSE). An ihr sind derzeit 2300 Unternehmen gelistet. Täglich werden mehr als 1 Million Derivate gehandelt. 2017 wurde sie auf den kompletten elektronischen Handel umgestellt.

Es ist erstaunlich, dass die London Stock Exchange (LSE) nur Platz sieben in der Rangliste der größten Börsen der Welt einnimmt. An der Londoner Börse sind etwa 3000 Unternehmen mit einer Marktkapitalisierung von über 3,7 Billionen Dollar notiert. Die LSE war bis zum Ausbruch des Ersten Weltkrieges die größte Börse der Welt. Später überholte die NYSE die LSE, um nach dem Ende des Ersten Weltkrieges die größte Börse der Welt zu werden. Viele große britische Unternehmen wie Barclays, British Petroleum, Vodafone, GlaxoSmithKline u. a. sind an der LSE gelistet.

Platz acht belegt derzeit die Shenzhen Stock Exchange. Die Shenzhen-Börse befindet sich in Shenzhen, das im Volksmund als Silicon Valley von China bekannt ist. Shenzhen ist die zweite Börse in China, zusammen mit der Shanghai Stock Exchange, die am 1. Dezember 1990 gegründet wurde. Sie hat mehr als 1400 Unternehmen gelistet. Die meisten an dieser Börse notierten Unternehmen haben ihren Sitz in China und alle Handelsaktien laufen unter der Währung Yuan. Da die meisten der börsennotierten Unternehmen in China ansässig sind, hat die chinesische Regierung alle Befugnisse, den Handel für den Tag einzustellen, wenn irgendwelche negativen Nachrichten oder Ereignisse die Aktien beeinflussen. China generell hat zwei Formen von Aktien, die von Anlegern und Händlern erworben werden können: zum einen die sogenannten A-Aktien, die in der Landeswährung Yuan gehandelt werden, und zum anderen die B-Aktien, die in US-Dollar für ausländische Investoren gehandelt werden.

Die neuntgrößte Börse der Welt ist die Toronto Stock Exchange, kurz TSE. Sie gehört der TMX-Gruppe und wird von ihr betrieben. TSE wurde 1852 gegründet und befindet sich in Toronto, Kanada. Sie hat rund 2200 Unternehmen mit einer Marktkapitalisierung von insgesamt 2,1 Billionen

US-Dollar notiert. Zahlreiche Finanzinstrumente, wie Immobilien-Investment-Trusts, Aktien, Anleihen, Rohstoffe, ETFs etc., werden an der Toronto Stock Exchange gehandelt. Es gab Pläne, die TSE mit der Londoner Börse zu verschmelzen, aber dies wurde nicht umgesetzt, da die Mehrheit der Aktionäre den Vorschlag ablehnte.

Den zehnten Platz auf der Liste der größten Börsen global nimmt die Bombay Stock Exchange (BSE) ein. Sie wurde bereits im Jahr 1875 gegründet und hat mehr als 5500 Unternehmen gelistet. BSE ist die Heimat des S&P BSE SENSEX Benchmark Index. Sensex besteht aus 30 Aktien, die verschiedene Sektoren der Wirtschaft repräsentieren. Erfahren Sie im nächsten Kapitel mehr darüber, welche Arten und Formen eine Börse einnehmen kann.

Arten von Börsen

Wie Sie nun wissen, sind Börsen physische oder Online-Orte, an denen Anleger öffentlich gehandelte Aktien kaufen und verkaufen können. Sie existieren auf den wichtigsten Märkten weltweit und bieten Anlegern Zugang zu Unternehmen auf dem Weltmarkt. Börsen fungieren als Teil des breiteren globalen Aktienmarktes. Sie funktionieren normalerweise wie Auktionen und ermöglichen es Anlegern, Aktien zu kaufen und zu verkaufen. Der Aktienkurs wird durch Angebot und Nachfrage bestimmt und der Aktienkurs spiegelt in der Regel die Erwartungshaltung der Händler wider, inwiefern sie glauben, dass ein bestimmtes Unternehmen in der Zukunft erfolgreich sein wird. Diejenigen, die der Meinung sind, dass ein Unternehmen gut abschneiden wird, bieten einen Preis an, während diejenigen, die denken, dass das Unternehmen nicht gut sein wird, versuchen, den Preis zu senken. Verkäufer versuchen, ihre Aktien so gut wie möglich zu verkaufen, während Käufer in der Regel nach den besten Angeboten suchen, die sie bekommen können.

Auf einem Auktionsmarkt werden Käufer und Verkäufer basierend auf dem niedrigsten Preis, den der Verkäufer für den Anteil seiner Aktien akzeptiert, und dem höchsten Preis, den der Käufer zu zahlen bereit ist, gepaart. Wenn der gebotene und der geforderte Preis übereinstimmen, kann ein Handel zwischen Käufer und Verkäufer stattfinden. Die passenden Paare werden zusammengestellt und die Kauf- und Verkaufsaufträge werden ausgeführt. Angenommen, es gibt zwei Verkäufer, die versuchen, Aktien von Unternehmen X zu verkaufen, einer für 10 EUR und einer für 10,50 EUR. Gleichzeitig versuchen zwei Käufer, Aktien von Unternehmen X zu kaufen, einer für 11 EUR und einer für 10,50 EUR. Verkäufer und Käufer, die 10,50 EUR anbieten, werden zusammengelegt und in diesem Moment beträgt der neue Preis für die Aktie 10,50 EUR.

Die New Yorker Börse ist ein Beispiel für einen Auktionsmarkt. Die Börse führt die Paarung von Käufern und Verkäufern durch, um den Prozess so effizient wie möglich zu gestalten und direkte Verhandlungen zwischen Käufern und Verkäufern zu vermeiden.

In den USA gibt es neben dem typischen Auktionsmarkt auch die Electronic Communication Networks (ECNs). ECNs ermöglichen Anlegern den Handel mit börsennotierten Aktien und anderen börsengehandelten Produkten. Sie müssen sich bei der amerikanischen Wertpapier-Aufsicht registrieren lassen und werden als alternatives Handelssystem (ATS) eingestuft. Um einen Trade bei einem ECN zu platzieren, müssen Anleger Abonnenten sein. Zum größten Teil dürfen nur Broker-Händler und einige institutionelle Händler Abonnenten werden. Privatanleger müssen ein Konto bei einem Broker haben, um eine Order aufzugeben. ECN-Systeme bieten Anlegern die Möglichkeit, außerhalb der normalen Handelszeiten zu handeln, wenn die großen Börsen geschlossen sind. Mehr zu diesem Thema lesen Sie später im Kapitel „Börsenzeiten".

E-Trading, auf Deutsch elektronisches Handeln, ist eine weitere Art von Börse. Höchstwahrscheinlich sind Sie bereits mit elektronischem oder E-Trading vertraut. Diese Handelsmethode verwendet das Internet, um es Einzelpersonen zu ermöglichen, sich mit einer Börse oder einem ECN zu verbinden. Die Methode wurde in den Neunzigerjahren populär und hat schnell einen Großteil des traditionellen Parketthandels und des Telefonhandels ersetzt, die früher stattfanden.

Der elektronische Handel bietet gegenüber dem traditionellen Handel erhebliche Vorteile, einschließlich der Tatsache, dass er aus der Ferne durchgeführt werden kann, sodass Broker nicht physisch an der Börse anwesend sein müssen. Das elektronische Handeln funktioniert bei einer guten Internetverbindung und einem guten Rechner sehr schnell – Aktien können innerhalb von Bruchteilen von Sekunden gekauft und verkauft werden. Der elektronische Handel ist auch billiger als herkömmliche Handelsformen. Diese Ersparnisse können in Form eines gebührenarmen oder gebührenfreien Handels an einzelne Anleger weitergegeben werden. Die bekannteste deutsche elektronische Börse ist XETRA. Anleger können beim Platzieren einer Order auch XETRA als ausführende Börse wählen.

Eine weitere Form der Börse ist der Over-the-Counter-Handel (OTC). Auf Deutsch übersetzt ist dies der direkte Handel. Over-the-Counter-Aktien sind in der Regel günstige Aktien, die von kleinen Unternehmen angeboten werden, die außerhalb der traditionellen Börsen handeln. Indem Unternehmen nicht für die Notierung an den großen Börsen bezahlen, können sie die Aktienkurse niedrig halten und so dazu beitragen, Investoren anzuziehen. OTC-Aktien werden über ein Netzwerk von Brokern und Händlern außerhalb der großen Börsen gehandelt und sind daher als „nicht börsennotiert“ bekannt. Verschiedene elektronische Plattformen ermöglichen OTC-Geschäfte. Anleger, die mit OTC-Aktien handeln möchten, müssen sich weiterhin an einen Broker wenden. Broker können höhere Gebühren für den Handel mit OTC-Aktien verlangen als für börsennotierte Aktien und die Transaktionszeit kann länger dauern als bei Aktien, die über eine Börse gehandelt werden.

Im Gegensatz zu Unternehmen, die an großen Börsen gehandelt werden, müssen einige OTC-Unternehmen möglicherweise keine Art von geprüfter Finanzberichterstattung bei der Finanzaufsichtsbehörde einreichen. Infolgedessen sollten Sie vor dem Kauf von OTC-Aktien auf mehr

Recherche und Sorgfalt achten. Mehr zu diesem Thema im Kapitel „Die Welt der Wertpapiere“.

Börsenzeiten: Außerbörslicher Handel

Jede Börse hat ihre eigenen Hauptöffnungszeiten. Zudem sind weltweit Zeitverschiebungen zu beachten, falls Sie in ausländische Aktien investieren möchten. Wie für jedes Unternehmen gelten auch für die Börsen gesetzliche und nicht-gesetzliche Feiertage und Wochenenden, an denen dort kein Handel stattfindet. Im Internet kann für jede Börse ein Handelskalender für das jeweilige Land aufgerufen werden, aus dem ersichtlich wird, wann Feiertage sind und die Börse geschlossen hat. An den asiatischen Börsen gibt es auch Mittagspausen, an denen der Handel nicht stattfindet. Im europäischen Raum bieten die Handelsplätze normalerweise von 9 Uhr morgens bis 17:30 Uhr abends ihre Dienste an. Eine Ausnahme ist die Börse Frankfurt. Hier kann man zum Beispiel bis 20 Uhr abends mit klassischen Wertpapieren handeln und bis 22 Uhr abends sogar mit Derivaten.

Handeln vor und nach den Öffnungszeiten an einer speziellen Börse nennt man vor- bzw. nachbörslicher oder aber auch außerbörslicher Handel. Wie so oft in der Finanz- und Aktienwelt sind hier auch die englischen Begriffe oft in Verwendung, sie lauten Pre- und Posttrading Hours. Der außerbörsliche Handel entstand, weil sich viele institutionelle Anleger längere Handelszeitung gewünscht haben. Ihnen waren die regulären Öffnungszeiten zu kurz. Ob der Handel nun in den regulären Zeiten an der Börse oder eben vor oder nach Börsenschluss besser ist, kann man pauschal nicht beantworten. Beides bringt Vor- und Nachteile mit sich. Es kommt auch auf das gehandelte Produkt an. Bei Zertifikaten zum Beispiel ist es so, dass der Emittent, also der Herausgeber des Zertifikates, die Preise stellt und entsprechend für Liquidität sorgt.

An dieser Stelle ist es dann nicht so, wie es im klassischen Börsenhandel ist, dass die Liquidität so ins Gewicht fällt, dass man an der Börse sein muss. Hier werden der Geldfluss und die Zahlungsfähigkeit eben vom

Emittenten selbst gestellt. Während man im börslichen Handel eine zentrale Handelsüberwachungsstelle hat, fällt diese außerbörslich weg. Zudem können während Börsenzeiten andere Preise zustande kommen als außerbörslich. Die großen Institutionen und die Trader der großen Banken handeln in der Regel außerbörslich.

Der Grund liegt darin, dass eben keine Börsentransaktion dazwischengeschaltet ist und somit die Ausführorder schneller und auch günstiger vonstattengehen kann. Die Entscheidung, ob ein Teilnehmer überhaupt außerbörslich handeln kann, hängt vom Broker seiner Wahl ab. Hauptsächlich wird dies in der Regel von reinen Online-Brokern angeboten. Wenn man die Sparkasse als Broker hat, kommt man womöglich eben nicht in den Genuss, schon um 8 Uhr mit dem Handeln loszulegen.

Im Weiteren gilt es, zwischen außerbörslichem Limit-Handel und Direkthandel zu unterscheiden. Der Direkthandel hat eine Funktionsweise, die sich so gestaltet, dass man einen Preis bei einem Emittenten für ein bestimmtes Produkt und eine bestimmte Stückzahl anfragt, woraufhin der Emittent den Preis festsetzt, den er für das Produkt haben möchte. Wenn man als Käufer mit dem Preis einverstanden ist, kann man den Preis bestätigen und die Order wird ausgeführt. Beim Limit-Handel ist es wie bei der klassischen Börse auch. Hier kann man als Käufer einen Limit-Preis festlegen, den man bereit ist, für ein Produkt auszugeben. Erst wenn dieser Limit-Preis mit dem Angebotspreis übereinstimmt, kann die Order ausgeführt werden. Da es für den Käufer nicht von Vorteil ist, dass der Emittent den Limit-Preis kennt, gibt es hier eine besondere Lösung. Der Emittent sendet seine Preise an ein außerbörsliches Handelssystem. In diesem System sind auch die Limits der Kunden, also der Käufer, erfasst. Somit ist beidseitige Anonymität des Preises gesichert und erst dann, wenn ein Käufer-Limit und ein Verkäufer-Limit zusammenpassen, stellt das System eine Anfrage an den Emittenten. Selbst in diesem Moment ist der Käufer geschützt, denn der Emittent kann nicht in sein Orderbuch schauen und erkennen, ob es sich um ein Stopp-Loss-Limit oder Ähnliches handelt. Wenn dann der Emittent auch zustimmt, kommt es zu einer Orderausführung. In besonders volatilen Zeiten kann es schwierig sein, im außerbörslichen Handel, sprich im Direkthandel, Wertpapiere zu kaufen oder zu verkaufen. Das liegt daran, dass, wie oben schon beschrieben, der Käufer einen Preis anfragt, woraufhin der Emittent einen Preis anbietet. Der Käufer hat nun Zeit, zu entscheiden, ob er zu diesem Preis wirklich kaufen möchte. Falls ja, gibt er seine Order weiter. Daraufhin hat der Emittent auf der anderen Seite auch Zeit, die Order zu bestätigen.

Wenn es nun in turbulenten Zeiten sehr volatile Preise gibt, dann kann es natürlich sein, dass sich der Markt in den kurzen Sekunden der Preisanfrage und der Preisbestätigung stark verändert hat. Das führt dazu, dass der Preis, der eben noch vor einigen Sekunden angezeigt wurde, nun nicht mehr aktuell ist. Das kann ein Vorteil oder auch ein Nachteil für den Kunden sein. Gerade zu Corona-Zeiten hat sich der Markt innerhalb von Sekunden stark bewegt.

Hier kann es dann vorkommen, dass eine Orderanfrage mehrmals abgelehnt wird. Zusammenfassend kann gesagt werden, dass bei stark schwankenden Märkten der Direkthandel nicht immer funktioniert und ein Zurückgreifen auf den börslichen Handel womöglich besser ist. In den vorangegangenen Ausführungen haben Sie Grundlegendes über die Börse als eigenständige Institution erfahren. Es gibt aber zahlreiche Einflussfaktoren, die auf die Börse einwirken, sowohl interne als auch externe. Diese Einflussfaktoren, die im Folgenden dargestellt sind, machen die Börse zu dem, was sie ist: ein Handelsplatz für Kapital.

AKTEURE DER BÖRSE

Börsengelistete Unternehmen

Eine Börse hat nur dann eine Daseinsberechtigung, wenn auch Unternehmen an ihr gelistet sind. Damit ein Unternehmen wiederum seine Anteilsscheine und andere Finanzprodukte an einer Börse vertreiben darf, muss es dort gelistet sein. Man spricht dann von einem börsennotierten Unternehmen.

Der Grund, warum ein Unternehmen Anteilsscheine an der Börse verkaufen und anbieten möchte, ist meist der, dass es so mehr Investoren auftreiben kann und somit auch mehr Kapital in das Unternehmen fließt, das dann wiederum für Wachstum und Expansion genutzt werden kann. Durch einen öffentlichen Börsengang verbessern sich zudem die Reichweite und die Bekanntheit des Unternehmens.

An den verschiedenen Börsen gibt es auch verschiedene Aufnahmekriterien. In einer zunehmend globalisierten Welt konkurrieren die Börsen mittlerweile darum, wenn ein prestigereiches Unternehmen den Börsengang wagen möchte. Viele einheimische Unternehmen im Gegenzug können sich fast frei aussuchen, wo sie gelistet sein möchten. Das muss nicht unbedingt das Heimatland sein, so sind zahlreiche wachsende Konzerne, wie die chinesischen Riesen Alibaba und Baidu, schon längst auch in New York gelistet. Dementsprechend kann sich ein neues und erfolgreiches Start-up oder ein etabliertes Familienunternehmen - denken Sie an dieser Stelle nur einmal an Aldi - mittlerweile aussuchen, was ihm am besten gefällt.

Die entscheidenden Faktoren sind dann zum Beispiel das Prestige der Börse, ihre institutionelle Anlegerbasis, die Kostenbasis der Notierung, regulatorische Anforderungen, Technologie, Börsenperformance und die Zielmärkte des Unternehmens. Obwohl die meisten Unternehmen immer noch bevorzugen, an ihren Heimatbörsen zu notieren, suchen viele Unternehmen der heutigen globalen Welt den Austausch zu den Börsen, die am besten langfristig in ihre Pläne passen. Technologieinnovationen sind ein grundlegender Treiber für den Wettbewerb und die Konkurrenz zwischen den einzelnen Börsen.

Gut digitalisierte Börsen, an denen ein Handel schnell und unkompliziert ablaufen kann, sind hier klar im Vorteil. So ist die lokale

Marktdominanz eines etablierten Anbieters bei der Entscheidungsfindung schnell hinfällig. Vielmehr stehen der schnelle Transaktionsaustausch und niedrige Gebühren im Vordergrund. So hat die Londoner Börse zum Beispiel einen elektronischen Markt namens EuroSETS zur Erfassung von Orders auf niederländische Aktien eröffnet. Dieser Orderfluss würde normalerweise über die Euronext stattfinden.

Sie sehen, heute müssen sich erfolgreiche und zukunftsträchtige Unternehmen nicht wirklich bemühen, um an einer bestimmten Börse gelistet zu sein. Die Börsen kämpfen vielmehr untereinander darum, die Aktien und andere Finanzprodukte von guten Konzernen verkaufen zu dürfen. Die Deutsche Börse versucht, sich durch ein breites Serviceangebot, das die ganze Prozesskette erfasst, von den Wettbewerbern abzuheben. Sie versucht, sich durch Dienstleistungen zu differenzieren und ein Portfolio anzubieten, das die gesamte Prozesskette inklusive Wertpapiere und Derivatehandel abdeckt.

Dies beinhaltet auch Transaktionsabwicklung und Bereitstellung von Marktinformationen sowie die Entwicklung und den Betrieb elektronischer Handelssysteme. Mit ihrem prozessorientierten Geschäft strebt die Deutsche Börse an, die Effizienz ihrer Kapitalmärkte zu optimieren. Die Emittenten profitieren hier von niedrigen Kapitalkosten und Investoren erfreuen sich an der hohen Liquidität und den niedrigen Transaktionskosten. Zu den Hauptgeschäftsfeldern der Deutschen Börse zählen:

- Die Handelsplattform Xetra und die FWB Frankfurter Wertpapierbörse (Börse Frankfurt) – beides sind vollständig elektronische Märkte.
- Eurex – eine Tochtergesellschaft für Derivate, die zu den weltweit führenden Anbietern im Handel und im Clearing von Futures und Optionen zählt.
- Clearstream – eine Tochtergesellschaft, die integrierte Bank-, Depot- und Abwicklungsdienstleistungen für den Handel von festverzinslichen Wertpapieren und Aktien anbietet-
- Marktdaten und Analysen – Informationsdienst für gelistete

Unternehmen und andere Marktteilnehmer.

- Um besser mit der Notierung von kleinen und mittelständischen Unternehmen, kurz KMU, konkurrieren zu können, hat die Deutsche Börse seit 2005 viele Vorkehrungen getroffen, die den Zugang für diese Unternehmen zu den Kapitalmärkten verbessern und erleichtern.

Wie oben schon beschrieben, gibt es an verschiedenen Börsen rund um die Welt auch verschiedene Aufnahmekriterien, um dort gelistet zu werden. Sobald ein Unternehmen Stammaktien anbieten und somit öffentlich sein möchte, muss es sich direkt an die Börse der Wahl wenden.

Die Börsenorganisation wird daraufhin dem Vorstand des interessierten Unternehmens mitteilen, welche Aufnahme-Anträge für ein IPO, also den Börsengang, vonnöten sind. Hier wird wieder bewusst der englische Begriff verwendet, da sich wie so oft in der Kapitalwelt ein englischer Begriff durchgesetzt hat. IPO steht für Initial Public Offering. Oftmals sind I-POs große Ereignisse im Leben jedes Unternehmens.

Das Unternehmen, das bislang privat war, wird nun öffentlich. Jeder, der an die Zukunft der Firma glaubt, darf nun über Aktien Teil des großen Ganzen werden. Das sind nicht nur große Wale, so werden Großinvestoren in Umgangssprache in der Finanzwelt bezeichnet, sondern auch Kleinanleger wie Sie und ich. Nach einem erfolgreichen Börsengang wird das emittierende Unternehmen ein börsennotiertes Unternehmen an einer anerkannten Börse. Daher wird ein Börsengang allgemein auch als „Going Public" bezeichnet. Ein IPO kann bis zu einem Jahr dauern, wobei das Unternehmen, welches öffentlich werden möchte, besondere Schritte gehen muss. Man muss hierbei auch im Hinterkopf behalten, dass der Prozess ein sehr teurer ist. Den eigentlichen IPO-Prozess zu verstehen, hilft auch bei der Anlageentscheidung, ob man eine neue Aktie zeichnen sollte. Zunächst wird das Unternehmen selbst Vorkehrungen treffen, um eine Aktiengesellschaft zu werden. Eventuell war es vorher eine GmbH und muss nun mithilfe seiner Anwälte und Berater die Unternehmensform anpassen.

Dabei sind aber nicht alle AGs auch gleichzeitig an einer Börse gelistet. Diese haben zwar Aktien, aber diese werden nur an Gesellschafter, Inhaber und Mitarbeiter herausgegeben. Nachdem sich das Unternehmen, das an die Börse gehen möchte, zu einer AG umstrukturiert hat, muss es einen Emissionspartner finden. Dies ist meistens eine Bank, welche später die Aktien auf dem breiten Markt platzieren soll. Diese Bank sammelt auch das durch Aktien erwirtschaftete Kapital wieder ein – im Namen des Unternehmens. Die Bank, die ausgewählt wurde, kümmert sich in der Regel auch um das Marketing des Börsengangs. Es ist nämlich sehr wichtig, dass die Aktien beim Publikum gut ankommen. Es gibt auch gescheiterte Börsengänge, die viel Geld kosten und dann aber im Gegenzug nichts einbringen. Das kann dann zum Bankrott des jeweiligen Unternehmens führen. Experten rechnen mit Kosten für einen Börsengang von ca. 5 % des Kapitals, das man durch die Herausgabe von öffentlichen Aktien einsammeln möchte.

Ein Beispiel für einen gescheiterten Börsengang ist die Firma Westwing. Westwing ist ein E-Commerce-Unternehmen, das seinen Sitz in München hat. Es bietet Möbel und andere Wohnaccessoires an. Das Unternehmen ging im Oktober 2018 an die Börse, mit einem Kurspreis von 26 EUR. Heute nach 4 Jahren liegt der Preis immer noch bei 26 EUR, was auf kein Wachstum hindeutet. Dennoch ist das im Vergleich noch gut, denn nach Börsenstart sackte die Aktie auch lange um 90 % auf lediglich 10 % des Emissionspreises ab. Sobald also nun das Unternehmen eine Bank gefunden hat, der es vertraut, beginnt der zweite Schritt. Diese Phase wird als Analysephase bezeichnet und ist sehr wichtig. Hier geht es darum, dass Analysten, Wirtschaftsprüfer und Anwälte tatsächlich in das Unternehmen gehen und jedes Papier, jede Bilanz und jede Rechnung umdrehen und überprüfen. Sie müssen sich vergewissern, dass die Firma tatsächlich so solide ist, wie sie angibt, zu sein. Dieser Schritt ist einleuchtend, denn nur ein gutes Unternehmen kann auch gut an der Börse platziert werden.

Wie immer bestätigen Ausnahmen die Regel, hier sei nur an Wirecard gedacht. Die Wirtschaftsprüfungsgesellschaft Ernst & Young GmbH prüfte das vermeintlich seriöse Unternehmen über Jahre hinweg und erstellte jedes Jahr ein positives Zertifikat. Wirecard schafft den Sprung in den DAX und sammelte Milliarden von Anlegern und Kleinanlegern ein. Erst vor einem Jahr kam heraus, dass alles nur ein Scheingeschäft war. Ein Vorstand bleibt bis heute mit mehreren Millionen Euro im Gepäck verschwunden.

Nun gehen wir aber davon aus, dass die Prüfer ihren Job gut machen und das Unternehmen als solide zertifizieren. Sie entscheiden dann, dass ein Börsengang gewagt werden kann. Die nächste wichtige Entscheidung, die dann von der emittierenden Bank getroffen wird, ist die, ob der Zeitpunkt der richtige ist. Sie analysieren, ob es gerade eine Kaufstimmung gibt oder der Markt von Anlegern eher gemieden wird. Dies kann auch ein gutes Indiz für Ihre Entscheidungen sein. Sind in einem bestimmten Monat besonders viele IPOs angekündigt, können Sie davon ausgehen, dass viele Experten zu dem Schluss gekommen sind, dass der Markt dann in einer guten Stimmung sein wird. Viele Unternehmen verschieben gar den Börsengang, um ebendiese günstige Zeit zu erwischen. Falls die Bank das Unternehmen also für geeignet hält und der Zeitpunkt stimmt, beginnen die Banken mit einer sogenannten Roadshow. Dies ist eine große Marketingkampagne für das Unternehmen. Das funktioniert in der Regel so, dass mit verschiedenen großen Investoren ein Treffen vereinbart wird, auf dem die emittierende Bank eine Präsentation abhält. Diese Präsentation dient dazu, das Unternehmen, das an die Börse will, im besten Licht darzustellen. Diese Treffen finden nur unter Großinvestoren und Banken statt, Kleinanleger werden von der Marketingkampagne nichts mitbekommen. Wenn Sie großes Interesse haben, können Sie aber auf der Homepage des Unternehmens schauen, ob die Präsentation für die Öffentlichkeit zugänglich gemacht wurde.

Nach der Roadshow für die Großinvestoren kann die Bank abschätzen, wer investieren will. Damit beginnt die Phase des Emissionspreises. In ihr wird der Preis der Aktie festgesetzt. Eine Emission ist ein Fachbegriff für die Erstausgabe einer Aktie. Nun ist es so, dass nicht ein fixer Preis festgelegt wird, mit dem man an die Börse gehen möchte, sondern eine Preisspanne. Wenn man dann mit dieser Preisspanne an den Markt geht, wird man sehen, zu welchem Preis das breite Publikum bereit ist, zu kaufen, und der Preis wird sich dann anpassen.

Oftmals wird das Volumen der ausgegebenen Aktien am Anfang klein gehalten, das bezeichnet man das als Überzeichnung. Wenn 2 Millionen Aktien nachgefragt werden, aber das Unternehmen nur 1 Million herausgibt, so wird das den Preis nach oben treiben. Wenn sich Anleger nun entschieden haben, die Aktie bei ihrem Broker zu zeichnen und somit sofort bei Börsenstart in den Genuss kamen, Anteilsinhaber zu sein, so ist das aber auch gleichzeitig ein Zeitpunkt der Wahrheit. Denn wenn der Anleger im Vorfeld für 20 EUR gezeichnet hat und sich nun zum Börsenstart der Preis aber bei 15 EUR einpendelt, ist das natürlich zunächst ein Verlust.

Anfängern wird abgeraten, Aktien vor Börsengang zu zeichnen. Auch wenn man viel Gewinn machen kann, so ist doch Erfahrung vonnöten, um einschätzen zu können, ob die Aktie ein Hop oder ein Flop wird. Selbst Experten tun sich schwer, zu beurteilen, ob eine Aktie bewusst überzeichnet wurde oder unterzeichnet an den Markt kommt. Es lohnt sich für Anfänger und unerfahrene Investoren, abzuwarten, bis die Anfangsstimmung abgeebbt ist und der Preis sich auf einem gewissen Niveau einpendelt. Ein Beispiel ist hier der Börsengang der Deutschen Telekom. Das Marketing war sehr gut, die Anleger voller Euphorie, die Aktie ging zunächst durch die Decke, um dann relativ schnell wieder abzusteigen. Die Enttäuschung und die Verluste durch diesen Börsengang haben viele Anleger bis heute nicht vergessen. Ob Sie eine Aktie vor Börsengang zeichnen können, hängt von Ihrem Broker ab, denn nicht alle Broker ermöglichen überhaupt Erstzeichnungen. Welche Unternehmen in der Zukunft an die Börse gehen wollen, können Sie im Internet abfragen. Oftmals gibt es Jahreskalender auf den Börsenhomepages, in denen vermerkt ist, wann welcher IPO geplant ist. Erfahren Sie im Folgenden, wie Sie Zugang zu Anteilen an einem börsengelisteten Unternehmen erwerben können.

Broker

Nicht nur gelistete Unternehmen agieren an den Börsen der Welt. Die zweite Gruppe an Akteuren, die hier vorgestellt wird, sind die Broker. Ohne einen Broker haben viele Anleger keinen Zugang zum Kapitalmarkt. Wenn man also handeln und investieren möchte, benötigt man einen Broker. Bei diesem Broker wird dann das Depot geführt, was Sie zwingend haben müssen, um mit Wertpapieren handeln zu dürfen. Broker nehmen eine zentrale Rolle beim Thema Börse ein und sie sind einer der größten Akteure an der Börse. Broker kann man am ehesten mit dem deutschen Begriff Börsenmakler übersetzen. Der Broker nimmt somit eine Vermittlerrolle zwischen dem Anleger und dem Händler an der Börse ein. Er kann auch eine Vermittlerrolle bei außerbörslichen Käufen und Verkäufen einnehmen.

Als Privatanleger hat man keinen direkten Zugang zur Börse, das haben meistens nur Großkonzerne, denn die Plätze an der Börse sind sehr teuer. Zudem hat ein Privatanleger auch keinen direkten Zugang zum sogenannten Interbankenmarkt. Deswegen ist er gezwungen, wenn er denn an Börsenaktivitäten und am Wertpapiermarkt teilnehmen möchte, eine Schnittstelle dazwischenzuschalten. Der Broker ist diese Schnittstelle und er hat Zugang zur Börse und zum Interbankenmarkt. Er hat direkt an der Börse eigenständige Systeme, die er für seine Tätigkeit nutzt. Somit ermöglicht er dem Händler, seine Orders über ihn direkt dort vor Ort an der Börse umzusetzen. Der Broker nimmt dann die Order, also den Kauf- oder Verkaufswunsch des Anlegers bzw. des Händlers, an und reicht sie dann an die Börse weiter. Im Grunde ist dieser Vorgang einfach und leicht zu verstehen. Dennoch gibt es auf dem Markt verschiedene Broker mit verschiedenen Bezeichnungen. Einige Broker handeln beispielsweise nur mit Devisen, andere nur mit Wertpapieren. Die Ausprägungen variieren also. Wenn man sich mit Brokern beschäftigt, liest man dann von ECN, STP oder Market-Makern. Market-Maker sind nicht geeignet für Kleinanleger. Sie sind teuer und, wie der Name schon sagt, beherrschen den Markt. Sie bestimmen sozusagen über ihn.

Im Klartext bedeutet das, dass sie die Preise machen und stellen, und der Anleger hat die Möglichkeit, den Preis zu akzeptieren. Natürlich wird ein Market-Maker seinem Kunden keinen Preis stellen, der übermäßig vom Marktkurs abweicht, dennoch hat er die Möglichkeit, eine kleine Marge auf die Preise zu schlagen. Wenn er aus dem Blauen heraus Preise stellen würde, würde sich auch keiner mehr für diesen Broker entscheiden. Ein Market-Maker kann also Preise selbst stellen und auch Preise, für die er nicht bereit ist, zu arbeiten, ablehnen.

Die zweite Ausprägung von Brokern sind die STP-Broker, STP steht hierbei für Straight Through Processing. In diesem Fall gibt der Broker die Anweisung des Händlers, also des Anlegers, direkt weiter an den Interbankenmarkt. Der STP-Broker verdient dabei eine Kommission in Form eines Mark-Ups, den er auf den Preis schlägt. Diese Transaktion kann je nach genutzter Software sehr schnell gehen und dauert nur wenige Sekunden. Als dritte Broker-Art gibt es die ECN-Broker. ECN ist die englische Abkürzung für Electronic Communication Network. Der Broker stellt in diesem Fall lediglich eine elektronische Verbindung zum Markt her. Beim Devisenmarkt zum Beispiel ist es so, dass der Händler über eine Schnittstelle, die der Broker zur Verfügung stellt, direkt am Markt partizipieren kann. Der Broker hat hier nur die Funktion der Aufrechterhaltung der Schnittstelle. Der ECN-Broker verdient hier an einer Kommission, die er von der Transaktion einbehält. Wenn man nun als Anfänger einen Broker aussuchen muss, empfiehlt es sich immer, auf die Werkzeuge zu achten, an welchen Börsen er tätig sein darf und wie er sein Geld verdient. Das soll heißen: Ein Market-Maker ist, da er Preise stellen kann, sicherlich nichts für den Kleinanleger, sondern eher für Großanleger und Großinvestoren geeignet. Ein ECN-Broker ist sicherlich die fairste Wahl, denn auch ein STP-Broker kann einen Spread, also einen Aufschlag, auf die Preise berechnen, zusätzlich zur Kommission, die er per Order einbehält. Der ECN-Broker hingegen behält lediglich die Kommission ein. Die Kommissionen werden immer bei Kauf und bei Verkauf einbehalten, während die Aufschläge auf die Preise oftmals versteckte Kosten sind, die man als Anfänger nicht sieht.

In Deutschland gibt es eine Reihe von Brokern zur Auswahl. Einige sind spezialisiert auf ETFs, wiederum andere sind besonders gut geeignet für den Aktienhandel. Andere Broker haben die Optionen und die Futures als breite Palette im Angebot. Vielen gemeinsam ist in der heutigen Zeit, dass sie Online-Broker sind. Das heißt, man kann sein Depot bei diesem Online-Broker im Internet eröffnen, ohne persönlich vorstellig zu werden. Selbstverständlich gibt es noch klassische Filialdepots bei der Hausbank, wobei die Hausbank der Broker ist, aber diese sind in der Regel viel teurer als Online-Broker. Falls Sie sich noch für keinen Broker entschieden haben, wird empfohlen, einen auszuwählen, der keine Depotführungskosten erhebt.

Viele Broker haben eine spezielle Kostenaufstellung. Diese hängt von der Anzahl der Orders, die pro Jahr getätigt werden, und vom Volumen der getätigten Orders ab. Bei den meisten Brokern ist es so, dass es eine feste Gebühr bei jeder Kauf- oder Verkaufsorder gibt. Die Gebühr kann zwischen 2 EUR und 5 EUR je nach Anbieter schwanken. Wenn Sie also viel handeln möchten, gar ins Daytrading einsteigen möchten, so empfiehlt sich ein Anbieter, der niedrige Gebühren pro Transaktion veranschlagt. Einige Broker erheben auch einen Aufschlag auf das Volumen der Orders, das heißt, es macht einen Unterschied, ob Sie 100 Aktien verkaufen oder nur eine. Bedenken Sie bitte auch vor der Entscheidung für einen Broker, ob Sie in Auslandsaktien investieren möchten und ob es Dividendenaktien sein sollen. Denn wenn ausländische Unternehmen Aktien ausschütten, so fallen oftmals Gebühren auf diese bei Brokern an. Ein weiterer Punkt zum Broker ist, dass nicht alle die gleichen Handelsplätze anbieten. Falls Sie also an exotischen Börsenplätzen dieser Welt handeln möchten, so sollten Sie im Vorfeld prüfen, ob diese in der Angebotspalette des Brokers enthalten sind. Die Broker in Deutschland und in Europa sind grundsätzlich durch eine Einlagenversicherung geschützt. Falls also Ihr Broker bankrottgehen sollte, so ist Ihr Geld bis zu einem bestimmten Betrag geschützt. Falls Sie nun über einen Broker Aktien oder andere Wertpapiere gekauft haben, werden Sie als

Anleger bezeichnet. Erfahren Sie im Folgenden mehr über die Gruppe der Anleger.

Anleger

Die nächste Gruppe der Teilnehmer an der Börse sind die Anleger. Ein Anleger ist entweder eine natürliche oder eine juristische Person, die Anteile eines Unternehmens besitzt. Dabei muss das Unternehmen nicht zwingend an der Börse sein. Ein Anteilseigner kann auch Anteile an einem privaten Betrieb besitzen, der nicht seiner ist. Aktionäre erhalten Eigentumsrechte auf der Grundlage ihres prozentualen Anteils an den Aktien der Gesellschaft. Aktien gelten als Eigentumsanteil am Unternehmen.

Der Wert einer Aktie kann zwischen weniger als einem Prozent und 100 Prozent liegen. Bei der Gründung einer Kapitalgesellschaft sind die ursprünglichen Eigentümer in der Regel die ersten Aktionäre. In kleineren Unternehmen bleiben die ursprünglichen Eigentümer während der gesamten Lebensdauer der Gesellschaft alleinige Gesellschafter. Mitarbeiter, Manager und Eigentümer können allesamt auch Aktionäre des Unternehmens sein. Darüber hinaus kann eine Person Aktionär, Direktor und leitender Angestellter sein. Dies ist in der Regel nur bei kleinen Unternehmen der Fall. Die öffentlichen oder privaten Investoren sind normalerweise die Mehrheitsaktionäre eines großen Unternehmens. Jeder Aktionär erhält in der Regel eine Aktienurkunde, aus der hervorgeht, wie viele Aktien er insgesamt besitzt. Diese Aktienurkunden werden im Falle von kleinen Privatanlegern in der Regel von der Depotverwahrstelle verwahrt. Man bekommt also nicht wie zu früheren Zeiten Aktienurkunden per Post zugeschickt. Aktionäre werden über gestiegene Aktienkurse und Dividenden belohnt. Anders als Inhaber einer Personengesellschaft oder eines Einzelunternehmens sind die Gesellschafter einer Kapitalgesellschaft nicht persönlich für die Rückzahlung der finanziellen Verpflichtungen der Gesellschaft verantwortlich. Mit anderen Worten: Wenn die Gesellschaft in Konkurs geht, können ihre Gläubiger von den Aktionären keine Rückzahlung verlangen. Ein weiterer Vorteil als Aktionär besteht darin, dass sie sich in der Regel nicht in das Tagesgeschäft einmischen müssen. Aktionäre erwarten, dass die leitenden Angestellten und der Vorstand das Unternehmen erfolgreich leiten.

Aktionäre haben zahlreiche Rechte, die im Aktiengesetz erfasst sind. Der Aktionärsschutz wird in Deutschland sehr ernst genommen und es wird alles getan, damit die Anteilseigner genügend Transparenz über die Geschäfte des Unternehmens, dessen Aktien sie halten, haben. Oftmals sind die Rechte natürlich abhängig von der Anzahl der gehaltenen Aktien, aber grundsätzlich gelten auch für die Kleinstanleger allumfassende Gesetze. So wird jeder Anteilseigner zur Hauptversammlung des Unternehmens eingeladen und darf dort auch sprechen und seine Meinung zur Tätigkeit des Vorstandes kundtun.

Die Hauptversammlung wird regelmäßig nach Ablauf eines Geschäftsjahres einberufen. Die Hauptversammlung muss als Präsenzversammlung durchgeführt werden, das heißt, alle Anleger, die ihr Stimmrecht auf einer Hauptversammlung ausüben wollen, müssen entweder persönlich anwesend sein oder sich durch einen Dritten vertreten lassen. Die elektronische Stimmausübung ist ohne Teilnahme eines Vertreters möglich, eine Beschlussfähigkeit ist für die Durchführung einer Hauptversammlung nicht erforderlich. In Deutschland wird die Hauptversammlung in der Regel vom Vorstand einberufen. Die Einberufung ist bis 30 Tage vor der Versammlung bzw. dem letzten Tag der Anmeldung im Bundesanzeiger bekannt zu machen. Auch Aktionäre können eine Hauptversammlung einberufen, wenn sie bestimmte Angelegenheiten von den Aktionären genehmigen lassen wollen. Dazu müssen Aktionäre ihr Verlangen dem Vorstand schriftlich mitteilen und benötigen 5 % des Grundkapitals der Gesellschaft. Darüber hinaus haben die Aktionäre das Recht, der Hauptversammlung weitere Beschlüsse zur Abstimmung vorzuschlagen. Wollen Aktionäre keinen eigenen Tagesordnungspunkt vorschlagen, aber einen Vorschlag der Gesellschaft ablehnen, können sie einen sogenannten Gegenantrag stellen. Dieses

Instrument wird in Deutschland sehr häufig genutzt, da eine Aktie ausreicht, um einen Gegenantrag zu stellen.

Ein typisches Beispiel für einen Gegenvorschlag ist der Vorschlag, gegen die Entlassung von Vorstand und Aufsichtsrat zu stimmen. Gegenanträge müssen spätestens zwei Wochen vor der Hauptversammlung bei der Gesellschaft eingehen und unter Einhaltung bestimmter Formvorschriften anderen Aktionären, Aktionärsvereinigungen und den Kreditinstituten zugänglich gemacht werden. Üblicherweise legen Unternehmen die Gegenvorschläge auf ihrer Website offen. Neben dem Stimmrecht auf der Hauptversammlung haben die Aktionäre auch das unbedingte und uneingeschränkte Recht auf Dividende oder eine sonstige Gewinnausschüttung des Unternehmens. Auch im Falle einer Kapitalerhöhung oder anderer Kapitalmaßnahmen muss der Aktionär begünstigt werden, sei es in Form von mehr Anteilen oder einer Barauszahlung. Aktionäre können auf alle Unternehmensaufzeichnungen in Bezug auf finanzielle Leistungen zugreifen und diese analysieren.

Die meisten Finanzinformationen, die ein Unternehmen erstellt, werden ohnehin aufgrund der Offenlegungspflichten der Öffentlichkeit zugänglich gemacht. Unternehmen können den Aktionären auch direkt standardisierte und Ad-hoc-Berichte offenlegen. Sie sehen, Sie haben auch als Kleinanleger viele Rechte, von denen Sie jederzeit Gebrauch machen können. Die letzte Gruppe der internen Teilnehmer der Börse sind die Ratingagenturen. Ratingagenturen können helfen, Anlageentscheidungen zu erleichtern, und sie nehmen direkt Einfluss auf den Kurs eines Wertpapiers. Sie wirken somit unmittelbar auf das Börsengeschehen ein. Deswegen sollen sie im Folgenden erläutert werden.

Ratingagenturen

Eine weitere Gruppe, die erheblichen Einfluss auf die Börse hat, sind die Ratingagenturen. Spätestens seit der Finanzkrise 2008 sind sie vielen ein Begriff. Sie finden immer dann besondere Aufmerksamkeit, wenn es um Krisen, wie Finanzkrisen oder EUR-Krisen geht, ein Beispiel ist hier die

Verschuldungskrise Griechenlands. Die Ratingagenturen werden von vielen Experten als Mitverursacher der Krisen bezeichnet. Sie behaupten, dass sie neben den Banken durch gezielte Fehlinformationen Menschen in die Irre getrieben haben. Ratingagenturen haben ihren Ursprung in den USA zu Anfang des 20. Jahrhunderts. 1909 wurde dort die Firma Moody‘s als erste Ratingagentur überhaupt gegründet. Im Jahre 1916 wurde dann die Agentur Standard and Poors ins Leben gerufen, 1924 kam die Firma Fitch dazu. Dies sind auch heute noch die bekanntesten Ratingagenturen. Sie haben eine Marktdominanz und werden auch als große Drei bezeichnet.

Die initiale Geschäftsidee ist es, zu bewerten, wie wahrscheinlich es ist, dass man sein Geld plus Zinsen zurückbekommt, wenn man es verleiht. Diese Idee kam auf, als das erste große Eisenbahnnetz in den USA erbaut wurde. Viele Eisenbahngesellschaften und viele Schienenbauer konkurrierten hier natürlich um Aufträge. Um die Größe der Aufträge bewältigen zu können und um schnell expandieren zu können, benötigten die Gesellschaften Geld in Form von Fremdkapital. Die Ratingagenturen nahmen die Eisenbahngesellschaften also genauestens unter die Lupe und vergaben so Noten, welche am kreditwürdigsten waren. Falls ein Unternehmen nun also solide Geldreserven hatte und keine Schulden, so bekam dieses eine Bewertung von AAA. Das ist bis heute die beste Bewertung, die ein Unternehmen oder ein Land bekommen kann. Das Bewertungssystem geht somit weit zurück und war eigentlich für Eisenbahnen gedacht. Damals war es noch relativ unkompliziert, die Einnahmen den Ausgaben gegenüberzustellen und dann eine Bewertung abzugeben. Heute sind die Produkte, die bewertet werden müssen, weit komplexer. Nehmen wir als Beispiel hier das Produkt Derivate oder strukturierte Kreditprodukte. Und um diese ging es dann auch, als es zur großen Finanzkrise 2008 kam. Bis heute werden die Produkte, die damals in Massen an Privatanleger, Kommunen und Gemeinden verkauft wurden, nicht richtig verstanden. Aber im Grunde ging es darum, dass diese Produkte auf nicht gedeckten, also sehr schlechten Krediten aufgebaut waren. Finanzmathematiker und Investmentbanker kreierten aufbauend auf Krediten, die an erster Stelle so niemals hätten vergeben werden dürfen, Produkte, die so komplex waren, dass die Agenturen sie nicht verstanden, ihnen dennoch aber Bestnoten, also AAA-Bewertungen, gaben.

Die Nachfrage nach diesen Kreditpaketen war nun aufgrund der Bestnote der Agenturen sehr hoch. Jeder wollte solch ein Produkt besitzen. Die Nachfrage stieg, somit auch das Angebot, was die Ausbreitung von schlechten Krediten noch weiter beflügelte. Denn die Investmentbanker nahmen nun noch schlechtere Kredite in die Kreditpakete mit auf, um noch mehr verkaufen zu können. Das waren teilweise Kredite, die an arbeitslose Menschen vergeben worden waren. Das Risiko war zu diesem Zeitpunkt immens.

Die Ratingagenturen verloren den Überblick. Sie konnten auch die hochkomplexen Formeln für die Berechnung dieser Kreditprodukte gar nicht mehr nachvollziehen. Dennoch scheuten sie sich nicht, weiterhin Bestnoten zu vergeben. Und zu einem Zeitpunkt, als sie es dann doch taten, schlugen sie dennoch keinen Alarm. Das taten sie deswegen nicht, weil sie von den Banken, die die Schrottpapiere verkauften, abhängig waren. Die großen drei Ratingagenturen werden von den Banken bezahlt. Sie sind nicht unabhängig, das heißt, sie vergeben genau die Noten, die ihre Kunden sehen wollen. Und die große Investmentbank Lehmann Brothers war einer der Kunden der großen Drei. Deswegen haben die Produkte von Lehmann immer die besten Bewertungen bekommen. Das ist an sich schon sehr schlimm, wenn man bedenkt, dass diese Organisationsstruktur absolut hinfällig ist. Sie macht einfach keinen Sinn. Die Agenturen agieren als Handpuppen der Banken. Aber es geht noch schlimmer, denn die Banken dürfen per Gesetz ihre eigene Bewertungsagentur aussuchen. Das heißt mit anderen Worten: Wenn eine Bank bei Standards & Poors eine schlechte Bewertung bekommt, kündigt sie den Vertrag und geht beispielsweise zu Fitch, um mit Fitch eine bessere Bewertung zu vereinbaren. Deswegen wurden die ungesicherten Kredite von Lehmann auch durchweg mit der Bestnote versehen. Als irgendwann klar wurde, dass die Kredite nicht zurückgezahlt werden können, musste das Rating heruntergesetzt werden. Die Folge war der Höhepunkt der Finanzkrise.

Sie sehen, die Hauptakteure der Finanzkrise waren die Banken und vor allem aber die Ratingagenturen. Sie haben bis heute einen immensen Einfluss auf die Börse und die Bewertung von Anleihen und anderen festverzinslichen Papieren. Natürlich empfiehlt es sich, in ein Rating der Agenturen zu schauen. Sie beschäftigen ja auch viele Menschen, die spezialisiert sind, anhand von Formeln Kreditwürdigkeiten zu bestimmen. Dennoch empfiehlt es sich, immer im Hinterkopf zu haben, von wem die Agenturen ihr Geld bekommen.

Machen Sie sich hierzu besser ein eigenes Bild, wenn Sie in Wertpapiere investieren wollen. Unabhängig von den direkten Einflüssen, die Anleger, Unternehmen und Ratingagenturen haben, gibt es natürlich auch indirekte Faktoren, die auf die Börse einwirken. Diese Gruppen sind nicht direkt auf dem Börsenparkett zu finden, aber sie wirken sich immens auf die Preisentwicklung am Markt aus. Gerade für Anfänger an der Börse ist es wichtig, von folgenden Institutionen gehört zu haben, denn sie werden das Börsengeschehen auch in Zukunft weiter beeinflussen.

EXTERNE EINFLÜSSE AUF DIE BÖRSE

Bundesfinanzaufsicht

Die Börse wird nicht nur durch den inneren Kreis der Teilnehmer beeinflusst, sondern auch durch externe Faktoren und Institute. Wenn man mehr von der Börse und den Wirkungsmechanismen des Kapitalmarktes verstehen möchte, muss man auch von der Bundesfinanzaufsicht, kurz BaFin, gehört habe. Die BaFin mit Sitz in Bonn und Frankfurt am Main beschäftigt ca. 1.600 Mitarbeiter und beaufsichtigt Banken, Finanzdienstleistungsinstitute, Versicherungen, Pensionskassen, Investmentfonds und Investmentgesellschaften. Die BaFin ist eine unabhängige Anstalt des öffentlichen Rechts und unterliegt der rechtlichen und fachlichen Aufsicht des

Bundesministeriums der Finanzen. Sie bündelt seit ihrer Gründung im Jahr 2002 die Aufsicht über Banken und Finanzdienstleister, Versicherungen und den Wertpapierhandel unter einem Dach. Ihr vorrangiges Ziel ist es, die Funktionsfähigkeit, Stabilität und Integrität des deutschen Finanzsystems zu gewährleisten. Bankkunden, Versicherungsnehmer und Anleger sollen dem Finanzsystem vertrauen können.

Während der Finanzkrise Ende 2008 wurde jedoch deutlich, dass die rechtlichen Möglichkeiten von der BaFin zu eingeschränkt sind. Sie konnte die Finanzkrise weder vorhersehen noch aufhalten. Die BaFin gliedert sich in drei verschiedene Organisationseinheiten: Bankenaufsicht, Versicherungsaufsicht und Wertpapieraufsicht. Bei börsennotierten Gesellschaften und Investoren überwacht sie Ad-hoc-Meldungen, Insiderhandel, Marktmanipulation und Übernahmeangebote. Lesen Sie im nächsten Kapitel, wie sich Politik und Konjunktur auf die Börse auswirken.

Politik und Konjunktur

Viele Anleger glauben, dass die Politik keinen Einfluss auf den Aktienmarkt hat. Parteien wie die FDP beflügeln diese Sichtweise und wiederholen immer wieder wie ein Mantra, dass der Markt sich selbst reguliert. Das stimmt so aber nicht, im Gegenteil, der Aktienmarkt wird von einer Reihe von Makrofaktoren beeinflusst. „Makro" bezeichnet die externen und unkontrollierbaren Faktoren, die Zinssätze, Inflation, Wirtschaftsaussichten und Änderungen in der Politik und auch in den Richtlinien umfassen. Hier kann man das Beispiel von Wasserstoff oder generell grüner Energie heranziehen. Wenn die Politik beschließt, mehr in erneuerbare Energien zu investieren, heißt dies nichts anderes, als dass Unternehmen, die erneuerbare Energien produzieren, entlastet werden sollen. Das können steuerliche Entlastungen sein oder auch direkte Subventionen. Das wiederum führt im Umkehrschluss dazu, dass die Aktien des Unternehmens steigen, weil die Kostenbasis sinkt. Ganz drastisch gesprochen ist dies eine Preiskontrolle durch den Staat.

Preiskontrollen werden normalerweise veranlasst, weil die Regierung verschiedene geldpolitische Entwicklungen verhindern möchte. Dies kann zum Beispiel eine Inflationsvorbeugung sein. Wenn große private Unternehmen in einem bestimmten Sektor handeln, haben sie die Macht, die Preise zu treiben. Die Verbraucher sind zufrieden, solange die Unternehmen dabei Konkurrenten sind. Aber stellen Sie sich vor, was passieren würde, wenn Konzerne zusammenkommen und beschließen, einen bestimmten Rohstoff zu einem höheren Preis zu verkaufen. Ohne eine andere Alternative sind die Verbraucher gezwungen, mehr zu bezahlen. Besondere Auswirkungen auf das gemeinschaftliche Leben hat das, wenn die Konzerne zu den Pharma- oder Ölkonzernen gehören. Monopolstellungen sind generell schlecht für den Verbraucher.

Sie haben sich bestimmt auch oft über die teuren Zugtickets der Deutschen Bahn geärgert. Dass die Bahn solch hohe Preise setzen kann, liegt daran, dass ihr bislang noch große Teile des Schienennetzes gehören. Obwohl mehr und mehr Konkurrenten, wie der Flixtrain und andere kleine Anbieter, auf den Markt vordringen, müssen diese einen Teil ihrer Erlöse an die Deutsche Bahn weitergeben, sozusagen als Gebühr für die Benutzung der Schienen. Sie sehen, es gibt Fälle, da sollte die Politik sehr wohl in den Markt und die Preisfindung eingreifen. Die Regierung kann in diesem Fall eingreifen und ein Gesetz zur Festsetzung des Preises erlassen. Im schlimmsten Fall kann sie sogar das Unternehmen verstaatlichen. Es gibt zudem noch andere Möglichkeiten, wie sich politische Richtlinien und Vorschriften auf ein Unternehmen oder den Aktienmarkt auswirken können.

Für einen Investor ist es wichtig, die Reformen vorauszusehen, um eine kluge Entscheidung zu treffen. Bevor Sie Ihr Geld anlegen, setzen Sie sich mit grundlegenden Kriterien auseinander. Stellen Sie sich wichtige Fragen. Wird die (neue) Regierung eine neue Steuerform einführen? Wenn ja, welche Sektoren sind voraussichtlich betroffen? Subventionen treiben in der Regel den Konsum in die Höhe, während selektive Besteuerung den Konsum aufgrund gestiegener Preise reduzieren kann. Wird die Europäische

Zentralbank die Geldmenge erhöhen oder verringern? Zentralbanken können das Geldangebot kontrollieren, indem sie die Mindestreserveanforderungen ändern. Die Mindestreservepflicht bezieht sich auf den Geldbetrag, den die Banken als Eigenkapital halten müssen. Durch die Senkung der Anforderungen können die Banken mehr Geld verleihen und irgendwann fließt mehr Geld in das System und umgekehrt. Niedrigere Zinssätze können die Wirtschaftstätigkeit ankurbeln, aber auch die Preise in die Höhe treiben, was zur Inflation führt.

Beispiel: In der Wirtschaftskrise 2008 hielten die Zentralbanken Europas die Zinsen extrem niedrig, was sich negativ auf die Volkswirtschaften auswirkte. Wenn die Zinsen hoch sind, werden die meisten Leute dazu neigen, ihr Geld bei Banken zu hinterlegen und zu sparen. Der Geldumlauf in der Wirtschaft wird sinken, was zu einem Rückgang der Aktienkurse führt. Außerdem wird es für Unternehmen schwieriger, Kredite aufzunehmen und Gewinne zu erzielen. Höhere Zinsen wirken sich in der Regel nachteilig auf die Aktienkurse aus. Wird die Regierung in naher Zukunft ein Gesetz verabschieden, das die Preise kontrolliert oder festlegt? Solch eine Entscheidung treibt normalerweise den Kurs der Aktie nach unten. Wird die Regierung die Ein- und Ausfuhr einer bestimmten Ware regulieren?

Wenn ja, welche Unternehmen produzieren diese Rohstoffe hauptsächlich? Wie wird sich die Regulierung auf den Aktienkurs der Ware auswirken? Wenn die Importe zurückgehen, führt dies zu einer Verknappung des Produkts und kann schließlich den Preis in die Höhe treiben. Wenn jedoch die Importe erhöht werden, wird der verschärfte Wettbewerb zwischen den einheimischen und den ausländischen Unternehmen den Preis des Produkts und die Lagerbestände der produzierenden Unternehmen senken. Ob Sie Politik mögen oder nicht, sie wird Ihre Aktie beeinflussen. Sie sollten also in Sachen Politik immer auf dem Laufenden bleiben. Als kluger Anleger sollten Sie vorhersehen können, wie staatliche Maßnahmen die Bewegung der von Ihnen gehaltenen Aktien beeinflussen könnten.

Zweiter Teil: Kennzahlen und Finanzinstrumente rund um die Börse

INDIZES

Was sind Indizes und was sagen sie aus?

Im ersten Teil dieses Buches haben Sie viel über die Börse als Institution erfahren. Sie wissen nun, wie sie entstanden ist und welche Kräfte auf sie einwirken. Erfahren Sie nun im zweiten Teil mehr über die Kennzahlen und die Finanzinstrumente, die an der Börse relevant sind.

Mit Sicherheit haben Sie im Zusammenhang mit Börsennachrichten das Wort DAX-Index schon einmal gehört oder aber, auch sehr geläufig, seinen amerikanischen Bruder, den S&P 500-Index. Für Anleger bildet ein Index die Wertentwicklung einer Gruppe von Vermögenswerten ab. Der DAX 40 ist ein bekannter Börsenindex. Bis September 2021 bestand der Deutsche Aktien-Index, kurz DAX, aus den 30 wichtigsten Kapitalgesellschaften der Bundesrepublik, seit September 2021 umfasst er nun 40 profitable Unternehmen. Nach dem Wirecard-Skandal wurden Stimmen laut, dass der DAX und sein Regelwerk große Lücken aufweisen. Man nutzte den Skandal, um tiefgreifende Veränderungen durchzuführen, und in diesem Zug erweiterte man den DAX um zusätzliche 10 Unternehmen.

Die Erweiterung soll auch die deutsche Wirtschaft besser repräsentieren. Der S&P 500 und der Dow Jones aus den USA sind die weltweit bekanntesten Börsenindizes und als Äquivalent des deutschen DAX zu sehen. Im Allgemeinen ist ein Index ein Indikator oder ein Maß für etwas. Bei einer Anlage bildet ein Index die Wertentwicklung einer Gruppe von Vermögenswerten oder eines Wertpapierkorbs ab, beispielsweise einer Liste börsennotierter Unternehmen und ihrer Aktienkurse. Anleger verwenden

Indizes als Messlatte, um die Wertentwicklung einer einzelnen Aktie, Anleihe oder eines Investmentfonds im Vergleich zur Gesamtmarktentwicklung zu messen. Zum besseren Verständnis einer Indexzahl hier ein Beispiel: Nehmen wir an, der Preis für ein Kilogramm Kartoffeln beträgt 2,00 EUR. Das ist auch der Startwert für den Index, der mit 1 beginnen soll. Wenn nun der Preis auf 2,50 EUR steigt, steigt unser Index auf 1,25, was einen Anstieg des Kartoffelpreises um 25 % widerspiegelt. Fällt der Preis dann wieder auf 2,25 EUR, so fällt der Index auf 1,15. Die Veränderung von 0,10 spiegelt einen Rückgang des Kartoffelpreises um 10 % wider. Die Indexbildung ist demnach effizient, da Sie, anstatt jeden Tag alle Preise für Kartoffeln vergleichen zu müssen, einfach auf den Index schauen können, der die Preise aller Kartoffelanbieter zusammenfasst. Variable Zinssätze für bestimmte Finanzprodukte, wie variabel verzinsliche Hypotheken, steigen oder fallen oft basierend auf einem bestimmten indexierten Zinssatz.

Der S&P 500, der Dow Jones und der DAX sind, wie gesagt, drei der bekanntesten Börsenindizes. Während diese Indizes den breiten Markt und die Aktienbewegungen großer Unternehmen abbilden, können andere Indizes nur eine bestimmte Branche oder einen bestimmten Marktsektor abbilden.

Mit Sicherheit haben Sie schon von Indexfonds gehört. Indexfonds und ETFs sind Fonds, die Aktien halten, die für einen ganzen Index, wie den DAX 40, repräsentativ sind, sodass die Wertentwicklung parallel zu diesem Referenzindex steigt und fällt. Da die Indexwerte im Laufe der Zeit tendenziell steigen, sind Indexfonds und ETFs zu einer wichtigen Möglichkeit für Anleger geworden, langfristig Vermögen aufzubauen.

Eines der wichtigsten Dinge, die Sie bei einem bestimmten Index verstehen sollten, ist seine Gewichtung. Es gibt eine Vielzahl verschiedener Methoden zur Gewichtung von Indizes, hier sind einige der gebräuchlichsten:

Preisgewichtete Indizes: Der proportionale Anteil jeder Aktie am Index basiert auf ihrem Aktienkurs.

Wertgewichtete Indizes: Der proportionale Anteil jeder Aktie basiert auf ihrer gesamten Marktkapitalisierung (Aktienkurs multipliziert mit der Anzahl der ausstehenden Aktien). Dies wird auch als marktkapitalisierungsgewichteter Index bezeichnet.

Nicht-gewichtete Indizes: Jede Aktie hat im Gesamtindex den gleichen Wert.

Die Gewichtung eines Index hat einen erheblichen Einfluss auf seine Wertentwicklung. In einem gewichteten Index haben die Aktien mit höherem Gewicht einen größeren Einfluss auf die Gesamtbewegung des Index. In einem nicht-gewichteten Index haben alle Aktien gleichen Einfluss.

Sie sehen, Indizes sind ein nützliches Werkzeug, um die Performance eines bestimmten Marktes zu messen: Marktindizes bieten eine ziemlich genaue Einschätzung der aktuellen Entwicklung dieses bestimmten Sektors. Sie können mithilfe eines Index Ihr Portfolio mit der Entwicklung eines bestimmten Index, zum Beispiel des DAX 40, vergleichen. Haben Sie über die Zeit die gleiche Entwicklung oder sind Sie mit Ihrem Portfolio gar besser als der Markt? Wenn Ihr Portfolio jedoch dauerhaft deutlich hinter dem Index zurückbleibt, ist dies ein guter Grund, Ihre Entscheidungen infrage zu stellen. Jedes Portfolio wird Jahre haben, in denen es besser oder schlechter als ein Vergleichsindex abschneidet. Sie sollten sich nur Sorgen machen, wenn es über mehrere Jahre hinweg unterdurchschnittlich abschneidet.

Ein Index ist zudem gut für Marktprognosen: Ökonomen und Investoren können sich ansehen, wie verschiedene Indizes in der Vergangenheit auf bestimmte Marktkräfte oder Einflussfaktoren reagiert haben, um vorherzusagen, wie sie in Zukunft reagieren könnten. Bedenken Sie aber auch, dass, wenn Sie in einen Indexfonds investieren, Sie einzig und allein von der Entwicklung dieses Indexes abhängig sind.

DIE WELT DER WERTPAPIERE

Aktien

Aktien sind Beteiligungen an einem Unternehmen. Aktien können auch als Anteilsscheine bezeichnet werden, was im Wesentlichen bedeutet, dass Sie (Teil-) Geschäftsinhaber sind. Der Kauf von Unternehmensaktien ist mit bestimmten Rechten verbunden, die den Erhalt einer Dividende sowie das Stimmrecht auf Aktionärsversammlungen umfassen können. Unternehmen geben Aktien aus, um Kapital zu beschaffen. Dieses Kapital wird dann verwendet, um verschiedene Projekte zu finanzieren, die letztendlich zu Wachstum führen und eine Rendite für die Anleger schaffen. Ein privates Unternehmen kann durch die Emission eines Börsengangs (IPO) öffentlich werden.

Wenn ein Unternehmen beschließt, an die Börse zu gehen, wird vom Amt für Wertpapierkennung eine eindeutige WKN, kurz für Wertpapierkennnummer, und eine ISIN vergeben. ISIN steht für International Securities Identification Number und sie soll die bereits seit 2003 existierende, veraltete und nicht internationale WKN ersetzen. In den allermeisten Fällen besteht die ISIN aus zwei Buchstaben und einer neunstelligen Nummer, wobei die beiden Anfangsbuchstaben auf das Land des Hauptsitzes des Unternehmens deuten.

Der Aktienkurs eines Unternehmens, das an der Börse gelistet ist, ist der Preis des Marktwertes des Unternehmens. Dieser Wert hängt unter anderem von seinen Vermögenswerten, seinen aktuellen Gewinnen und seinen erwarteten zukünftigen Gewinnen ab. Obwohl der Prozess der Kapitalbeschaffung durch Aktienangebote ein großartiges Mittel für ein Unternehmen ist, um ein schnelles Wachstum und eine schnelle Expansion zu erreichen, gibt es auch Nachteile. Abgesehen von den hohen Gebühren, die für die Börsennotierung gezahlt werden, müssen börsennotierte Unternehmen ihre Finanzberichte offenlegen, bestimmte Vorschriften einhalten und sich ständigem Druck und der Kontrolle durch die Aktionäre ausgesetzt sehen.

Sie haben schon weiter oben im Kapitel „Börsengelistete Unternehmen“ mehr dazu erfahren. Die internationale Börsenliteratur unterscheidet generell zwischen zwei Arten von Aktien: Stammaktien und Vorzugsaktien. Zudem werden in der Finanzwelt Aktien eines bestimmten Sektors gerne als Ganzes gesehen. Man hört dann Begriffe wie Tech-Aktien, Blue-Chip-Aktien, Energie-Aktien und so weiter. Wenn Sie Stammaktien besitzen, besitzen Sie einen Anteil am Gewinn des Unternehmens sowie ein Stimmrecht. Stammaktienbesitzer können auch Dividenden erwirtschaften. Heutzutage sind Dividenden in der Regel variabel und nicht garantiert. Die besten Dividendenzahler in Deutschland zahlen bis zu 8 EUR pro Aktie. Dividenden sind Gewinnausschüttungen an die Anteilsinhaber und demnach immer abhängig vom Gewinn des Geschäftsjahres.

Neben den Stammaktien gibt es die Vorzugsaktien, die häufig mit Anleihen verglichen werden. Vorzugsaktien zahlen den Anlegern in der Regel eine feste Dividende. Das gilt auch dann, wenn das Unternehmen bankrottgeht. Dann ist es Aufgabe der Insolvenzbehörde, mithilfe der Masse der übrig gebliebenen Vermögenswerte die Aktionäre auszubezahlen. Die Kurse von Vorzugsaktien sind weniger volatil als die Kurse von Stammaktien, was bedeutet, dass Aktien weniger anfällig für Wertverluste, aber auch weniger anfällig für Wertsteigerungen sind. Im Allgemeinen sind Vorzugsaktien am besten für Anleger geeignet, die lieber heute Erträge in der Hand halten, als auf die Zukunft zu spekulieren.

Innerhalb dieser breiten Kategorien von Stammaktien und Vorzugsaktien werden verschiedene Arten von Aktien auf andere Weise weiter unterteilt. Hier sind einige der häufigsten:

Unternehmensgröße: Sie haben vielleicht schon einmal die Worte Large-Cap oder Mid-Cap gehört. Diese beziehen sich auf die Marktkapitalisierung oder den Wert eines Unternehmens. Die Begriffe kommen aus dem US-amerikanischen und sind geläufig in der Deutschen Börsenliteratur. Large steht für groß und Mid für mittelgroß, während Cap für Capitalisation steht.

Unternehmen werden im Allgemeinen nach der Größe in drei Kategorien eingeteilt: Large Cap (Marktwert von 10 Milliarden EUR oder mehr), Mid Cap (Marktwert zwischen 2 Milliarden EUR und 10 Milliarden EUR) und Small Cap (Marktwert zwischen 300 Millionen EUR und 2 Milliarden EUR).

Branche: Unternehmen werden auch nach Branchen unterteilt, die oft als Sektor bezeichnet werden. Aktien derselben Branche, zum Beispiel des Technologie- oder Energiesektors, können als Reaktion auf Markt- oder Wirtschaftsereignisse den gleichen Verlauf haben. Kommt es zu einer Anhebung des Ölpreises, können alle Aktien des Energiesektors gleich oder ähnlich darauf reagieren. Aus diesem Grund ist es immer wichtig, zu diversifizieren, indem Sie in sektorenübergreifende Aktien investieren.

Standort: Aktien werden häufig nach geografischen Standorten gruppiert. Sie können Ihr Anlageportfolio diversifizieren, indem Sie nicht nur in Unternehmen investieren, die in Deutschland tätig sind, sondern auch in Unternehmen mit internationalem Sitz und in Schwellenländern, die auf Expansionskurs sind. Hier sind China und Indien gute Beispiele von aufstrebenden Nationen.

Wachstumswert: Wachstumswerte stammen von Unternehmen, die entweder schnell wachsen oder schnell wachsen werden. Anleger sind in der Regel bereit, für diese Aktien mehr zu zahlen, da sie höhere Renditen erwarten.

Value-Aktien: Dies sind Aktien, die Anleger als unterbewertet erachten. Die Annahme ist, dass diese Aktien im Kurs steigen werden. Mehr zum Thema Value und Unterbewertung erfahren Sie im Kapitel „Finanzkennzahlen". Im Bonusteil dieses Buches wird anhand eines Praxisbeispiels die Berechnung der Unterbewertung nach Graham aufgezeigt.

Anleihen

Unternehmen, Länder, Staaten, Kommunen oder Städte vergeben Anleihen. Anleihen sind auch besser bekannt unter dem englischen Begriff Bonds. Damit erwirtschaften die Unternehmen oder Länder Geld. Anders als bei Aktien ist es aber bei Anleihen so, dass sich das Unternehmen dazu verpflichtet, das Geld, das für die Anleihe zu einem bestimmten Zeitpunkt gezahlt wurde, plus vereinbarte Zinsen an den Käufer zurückzuzahlen. Der Käufer ist also ein Kreditgeber und das Unternehmen ein Kreditnehmer. Anleihen können verschiedenste Formen annehmen.

Sie unterscheiden sich dann in der vorgeschriebenen und vereinbarten Haltedauer, im Zinssatz, der vereinbart wurde, und darin, welche Institution die Anleihe herausgibt. Am sichersten sind sicherlich kurzfristige Staatsanleihen von Ländern mit stabiler Wirtschaftskraft, wie Deutschland, Schweden oder die USA. Da bei kurzfristigen Bonds die Wahrscheinlichkeit auf einen Ausfall geringer ist, zahlen diese natürlich auch nur einen geringen Zins. Bessere Renditen erhält man mit langfristigen Investitionen. Auch kleine Gemeinden oder Kirchengemeinden können mithilfe ihrer Bank Anleihen konzipieren und sie auf dem Markt anbieten.

Im Gegensatz zu Unternehmensanleihen sind Staatsanleihen sogar oftmals sicherer, da der Staat im Falle eines Geldmangels oder eines drohenden Verlustes einfach die Steuern anheben oder neue Steuern einführen kann, womit dann die Anleihen zurückgekauft werden können. Daraus folgt auch, dass sich jeder Anleger den Emittenten der Anleihe genau anschauen sollte, um dann zu entscheiden, ob er vertrauenswürdig ist oder nicht. Denn man muss verstehen, dass Anleihen eine Kreditform sind. Sie als Kleinanleger geben durch den Kauf der Anleihe dem Unternehmen oder dem Land einen Kredit aus Ihrer eigenen Tasche und der Kreditnehmer verspricht, zu einem bestimmten Zeitpunkt den Kredit zurückzubezahlen, inklusive Zinsen.

Personen, die Anleihen besitzen, werden auch Gläubiger oder Schuldner genannt. Früher, als die Leute Papieranleihen hielten, tilgten sie die Zinszahlungen durch das Ausschneiden von Coupons. Heute geschieht dies alles elektronisch. Der Schuldner bekommt bei Fälligkeit der Anleihe den Nennwert, also den initialen Preis der Anleihe zurück. Die meisten Anleihegläubiger verkaufen ihre Anleihen noch vor dem Ende der Kreditlaufzeit weiter. Das ist möglich, weil die Börse diesen Handel auch ermöglicht. Hieraus wiederum ergibt sich die Tatsache, dass sich der Kurs einer Anleihe genauso wie bei einer Aktie ändern kann. Denn auch hier gelten die Regeln von Angebot und Nachfrage.

Sie haben also auch mit Anleihen die Möglichkeit, Kursgewinne zu realisieren. Was bei Aktien Dividendenzahlungen sind, wird bei Anleihen als Zinszahlungen klassifiziert. Jede Anleihe hat ein bestimmtes Fälligkeitsdatum, an dem sie ausläuft. Wie bei einem normalen Kredit auch bekommen Sie dann zu diesem Datum den gesamten investierten Betrag wieder. Das ist ein Muss und kann im Falle einer Nicht-Einhaltung zu juristischen Konsequenzen führen, die zum Vorteil des Kreditgebers sind. Ausgenommen hiervon ist, wenn das Unternehmen oder der Staat bankrottgeht und Insolvenz anmelden muss.

Wie Aktien können auch Anleihen in einem Anleihefonds zusammengefasst werden. Viele Privatanleger lassen lieber einen erfahrenen Fondsmanager die Auswahl an Anleihen tätigen. Ein erfahrener Anlageberater wird Ihnen immer dazu raten, Ihren Anlagefonds zu diversifizieren und auf verschiedene Unternehmen und Länder zu setzen. So erleiden Sie keinen Totalverlust, wenn die Investition nicht nach Plan läuft.

Bitte beachten Sie an dieser Stelle, dass es eine besondere Form von Anleihen gibt: Nullkuponanleihen sind Anleihen, die für die Dauer des Bestehens der Anleihe nicht verzinst werden. Stattdessen kaufen Anleger Nullkuponanleihen mit einem erheblichen Abschlag auf ihren Nennwert - oder den Betrag, den der Anleger bei Fälligkeit der Anleihe erhält. Nullkuponanleihen haben in der Regel lange Laufzeiten – viele werden erst nach zehn, fünfzehn oder mehr Jahren fällig. Diese langfristigen Fälligkeitstermine ermöglichen es einem Investor, sich auf ein langfristiges Ziel vorzubereiten, beispielsweise die Finanzierung der Studiengebühren eines Kindes. Generell lässt sich sagen, dass Anleihen auf lange Sicht eine geringere Rendite als Aktien einbringen. Im schlimmsten Fall ist Ihre Rendite gerade einmal so hoch, dass Sie die Inflation knapp übertreffen. Falls es Ihr Ziel ist, durch Anleihen ein kleines Vermögen zu erwirtschaften, wird dieses nicht erreicht werden. Bevor Sie in Anleihen investieren, stellen Sie sicher, dass das Rating des jeweiligen Unternehmens oder Landes gut bis sehr gut ist. Schlecht bewertete Anleihen bergen ein größeres Risiko, auszufallen.

Es empfiehlt sich zudem, politisch und vor allem volkswirtschaftlich auf dem neuesten Stand zu bleiben. Gerade heute, kurz nach großen Lockdowns, ist es wahrscheinlich, dass die Regierungen übermäßig viel Geld drucken und in Umlauf bringen, was zu einer Art Hyperinflation führen kann. Somit wird die Kaufkraft jedes Einzelnen geschwächt und die Preise für Anleihen sind zum Fälligkeitszeitpunkt sehr günstig. Die gewonnenen Zinsen werden sofort von der rasant gestiegenen Inflation geschluckt. Generell interessieren sich Trader nur in Zeiten von schwachen Aktienmärkten für Anleihen, was dazu führen kann, dass es schlicht und einfach an Abnehmern fehlt, wenn Sie Ihre Anleihe verkaufen möchten. Es empfiehlt sich somit für Anleihen, nur die zu kaufen, die Sie auch wirklich bis zum Vertragsende in Ihrem Portfolio halten möchten. Analysieren Sie auch die Kreditwürdigkeit des Unternehmens, dessen Bonds Sie erwerben möchten, mithilfe seiner Bilanz. Ist das Unternehmen zu hoch verschuldet, dann kann es immer sein, dass es seine Kredite nicht zurückzahlen kann.

Allgemein lässt sich sagen, dass Anleihen, besonders mit einer Bewertung A und B, oftmals ein risikoarmes Investment sind und im Langzeitdepot Zinsen bringen können. Investieren Sie nur dann in schlecht bewertete Anleihen, wenn Sie den Verlust verkraften können und ein Risiko bewusst eingehen möchten, indem Sie auf einen Underdog wetten.

Optionen

Um zu verstehen, was Optionen sind, hilft es, sie mit Aktien zu vergleichen. Der Kauf von Aktien bedeutet, dass Sie einen winzigen Teil dieses Unternehmens besitzen, der als Aktie bezeichnet wird. Beim Kauf einer bestimmten Aktie hat man die Erwartungshaltung, dass das Unternehmen gut aufgestellt ist und mit Sicherheit weiterwachsen wird. Somit steigt der Preis der Aktie und Sie erwirtschaften durch den Verkauf Ihrer Anteile Buchgewinne. Dies wurde ausführlich im Kapitel „Aktien" beleuchtet. Beim Kauf einer Aktie sind Sie also unmittelbar am Erfolg des Unternehmens beteiligt. Bei einer Option haben Sie eine Wahl und sind indirekt am Erfolg und auch am Misserfolg des Unternehmens beteiligt. Das ist auch der grundlegende Unterschied zur Aktie. Der Name Option drückt es per se schon aus. Sie haben eine Wahl. Sie können etwas tun, müssen es aber nicht.

Für die Option, etwas tun zu können, muss man einen gewissen Preis bezahlen. Man nennt diesen Preis Optionsprämie. Sie haben nun ein Recht erworben, das es Ihnen ermöglicht, an einem zugrundeliegenden Wertpapier oder auch Index zu partizipieren. Oftmals ist ein Optionsvertrag so ausgestaltet, dass er einem das Recht gibt, eine gewisse Aktie zu einem festen Datum zu einem festgelegten Preis zu kaufen oder zu verkaufen. Aber Sie haben die Wahlmöglichkeit, die zugrundeliegende Aktie eben nicht zu kaufen oder zu verkaufen. Damit haben Sie ein Wahlrecht, also die Option, den Vertrag auslaufen zu lassen.

Wie schon erklärt, zahlen Sie beim Kauf von Optionen eine sogenannte Prämie im Voraus, die Sie verlieren, wenn Sie den Vertrag auslaufen lassen. Bei den gängigen Brokern kann man Optionen auf alle erdenklichen Wertpapiere erwerben. Sie können Optionen auf Aktien, Anleihen, Zertifikate oder andere Optionen kaufen. Um es nicht unnötig kompliziert zu machen, soll aber in den folgenden Erklärungen die Aktie als darunterliegendes Wertpapier angenommen werden. Es gibt zwei Haupttypen von Optionskontrakten:

Call-Options: Eine Call-Option gibt Ihnen das Recht, die Aktien eines Unternehmens zu einem bestimmten Preis, bekannt als Ausübungspreis, auf Englisch Strike Price, innerhalb eines bestimmten Zeitraums, der als Verfall bezeichnet wird, zu kaufen.

Put-Optionen: Bei einer Put-Option dürfen Sie die Aktien eines Unternehmens vor ihrem Ablauf verkaufen. Der Preis ist der bei Vertragsabschluss vereinbarte Ausübungspreis.

Sobald Sie sich nun für eine Art von Option entschieden und gekauft haben, können Sie vom Kauf bis zum Ablauf oder, anders ausgedrückt, bis zur Fälligkeit der Option einige Dinge tun. Sie können die Option ausführen, das heißt, Sie kaufen oder verkaufen Aktien zum Ausübungspreis, oder Sie entscheiden sich dafür, den Vertrag an einen anderen Investor zu verkaufen. Sie können den Vertrag jedoch auch ohne Eingreifen einfach auslaufen lassen.

Um die beiden Arten von Optionen, Call- und Put-Optionen, besser zu verstehen, sollen hier Beispiele helfen, die Funktionsweise zu verstehen. Nehmen wir an, die Aktie eines Unternehmens hat derzeit einen Wert von 50 EUR pro Aktie. Sie können eine Call-Option kaufen, um die Aktie zu 50 EUR, dem Ausübungspreis (Strike Price), zu kaufen, die in sechs Monaten verfällt. Die Prämie für diese Option soll 5 EUR betragen. Die Prämien werden pro Aktie berechnet, daher würde diese Call-Option 500 EUR kosten (5 EUR Prämie x 100 Aktien – wie oben schon erläutert, sind Bündel von 100 Anteilen die Regel bei Optionen). Beachten Sie, dass Sie beim Kauf von Optionen aus einer verfügbaren Liste von Ausübungspreisen auswählen und diese nicht mit dem aktuellen Aktienkurs übereinstimmen müssen. Wenn der Aktienkurs während des sechsmonatigen Zeitraums bei 50 EUR bleibt oder unter 50 EUR fällt und sich nicht wieder erholt, könnten Sie den Vertrag wertlos auslaufen lassen und Ihr Gesamtverlust wären die 500 EUR, die Sie für die Prämie ausgegeben haben. Diese 500 EUR sind auch der maximale Betrag, den Sie bei der Investition verlieren könnten. Nehmen wir an, der Preis steigt auf 60 EUR. Sie könnten Ihre Option zum Kauf der 100 Aktien zum Ausübungspreis von 50 EUR ausüben und sie für 60 EUR auf dem Markt verkaufen. In diesem Fall beträgt Ihre Kapitalrendite 500 EUR. Der Kauf der Aktien würde 5.000 EUR kosten, aber Sie würden sie für 6.000 EUR verkaufen. Das heißt, Sie erwirtschaften einen Gewinn von 1.000 EUR. Ziehen Sie nun die Kosten der Prämie ab, dann haben Sie einen Gewinn von 500 EUR. Sie sehen, beim Kauf einer Call-Option gibt es einen Break-Even-Punkt, an dem Sie anfangen, einen Gewinn zu erzielen. In diesem Beispiel liegt dieser Break-Even-Punkt bei 55 EUR. Wenn die Aktie also zwischen 50 und 55 EUR gehandelt wird, könnten Sie einen Teil Ihrer Investition wieder hereinholen, aber es wäre immer noch ein Verlust.

Steigt der Aktienkurs über den Ausübungspreis, gewinnt der Kontrakt selbst an innerem Wert und der Preis der Prämie steigt entsprechend. Dies bedeutet, dass Sie den Kontrakt vor Ablauf an einen anderen Investor für mehr Geld, als Sie beim Kauf gezahlt haben, verkaufen und einen Gewinn mitnehmen können. Ob Sie eine Call-Option verkaufen oder ausüben wollen, ist Ihnen und Ihrer Einschätzungsfähigkeit überlassen, je nachdem, wie Sie denken, dass sich der darunterliegende Aktienpreis in der Zukunft verhalten wird.

Put-Optionen haben einen ähnlichen Zweck wie das Leerverkaufen einer Aktie – beide Arten von Handelsstrategien sind profitabel, sobald der Aktienkurs fällt. Puts können zudem aber auch als Absicherung gegen Kursverluste verwendet werden. Auch hier soll ein Beispiel helfen, die Thematik besser zu verstehen. Nehmen wir an, der Kurs einer Aktie beträgt 50 EUR und Sie kaufen eine Put-Option mit einem Strike Price von 50 EUR, einer Optionsprämie von 5 EUR und einer Dauer von sechs Monaten. Der Vertrag kostet somit 500 EUR. Wenn der Aktienkurs auf 40 EUR fällt, können Sie Ihr Recht ausüben, die Aktie zum Ausübungspreis von 50 EUR zu verkaufen. In diesem Fall erzielen Sie keinen Gewinn, aber Sie schützen Ihre Aktien vor Wertverlust. Wenn der Preis steigt, läuft der Vertrag wertlos aus und Sie würden maximal 500 EUR verlieren. In gewisser Weise könnten

Put-Optionen als Versicherung für Ihre Aktien angesehen werden. Wenn der Aktienkurs fällt, sind Sie versichert, zum höheren Ausübungspreis zu verkaufen, und wenn dieser steigt, ist die von Ihnen gezahlte Prämie als Fixkosten dieser Versicherung zu sehen. Put-Optionen können jedoch auch für Spekulationen verwendet werden und Sie müssen die zugrundeliegende Aktie nicht besitzen, um eine Put-Option zu kaufen. Nehmen wir an, Sie haben die Put-Option gekauft und die Aktie fällt auf 40 EUR, aber Sie besitzen sie nicht. Sie könnten die Aktie für 40 EUR kaufen, um sie dann für 50 EUR zu verkaufen. Dies würde einen Gewinn von 500 EUR ergeben. Sie würden 100 Aktien zu 40 EUR für 4.000 EUR kaufen und sie dann für 50 EUR für 5.000 EUR verkaufen, wodurch 1.000 EUR generiert werden. Ziehen Sie die 500 EUR Prämie ab und Sie haben somit 500 EUR verdient.

Wie bei Call-Optionen kann ein Put-Optionskontrakt einen inneren Wert haben. Fällt der zugrundeliegende Aktienkurs unter den Ausübungspreis, wird der Kontrakt attraktiver und die Prämienkosten steigen entsprechend. In diesem Fall könnten Sie den Vertrag gewinnbringend an einen anderen Investor verkaufen. Natürlich kann man argumentieren, dass man es sich nicht kompliziert machen möchte und man auch direkt Aktien kaufen kann.

Beachten Sie aber, dass – wenn wir in unserem Beispiel von oben bleiben – es 500 EUR kostet, die Kontrolle über 100 Aktien einer Aktie beim Wert von 50 EUR pro Aktie zu übernehmen. Wenn Sie die Aktie mit derselben Investition von 500 EUR direkt kaufen würden, könnten Sie nur die Kontrolle über 10 Aktien übernehmen. Hier kommt die ertragssteigernde Kraft von Optionen ins Spiel und der Grund, warum Optionen als eine Form der Hebelwirkung angesehen werden. Aus dem obigen Beispiel wissen wir, dass ein Anstieg des Aktienkurses auf 60 EUR eine Rendite von 500 EUR einbringt – Sie haben somit Ihr Geld verdoppelt. Steigt er jedoch auf 70 EUR, steigt Ihr Gewinn auf 1.500 EUR. Was passiert, wenn der Preis gar auf 80 EUR steigt? Das ist ein Anstieg des Aktienkurses um 60 %, der zu einer Rendite von 2.500 EUR führt. Hätten Sie die Aktie direkt gekauft, würde Ihnen derselbe Kursanstieg von 60 % eine Rendite von vergleichsweise mageren 300 EUR einbringen. Aber wo die Chance auf eine hohe Belohnung besteht, ist auch immer ein hohes Risiko. Wenn Sie 500 EUR direkt in die Aktie investiert hätten, bedeutet ein subtiler Kursrückgang nicht viel.

Ein Rückgang um 10 % bedeutet zum Beispiel, dass Ihr Investment um 50 EUR gesunken ist. Gleichzeitig können Sie aber eine unbegrenzte Zeit warten, bis der Preis wieder steigt, bevor Sie verkaufen. Wenn Sie jedoch 500 EUR für einen Call-Optionskontrakt ausgeben, bedeutet dies, dass ein Rückgang des Aktienkurses um 10 % den Kontrakt wertlos machen könnte, wenn der Aktienkurs unter den Ausübungspreis fällt und die Aktien nur eine begrenzte Zeit haben, um wieder zu steigen. Wenn dies nicht der Fall ist, ist dies ein Verlust von 500 EUR oder 100 % Ihrer Investition.

Beim Kauf von Put-Optionen ist der maximale Betrag, den Sie verlieren können, ähnlich wie bei Call-Optionen. Wenn der Aktienkurs über den Ausübungspreis steigt, würden Sie den Kontrakt auslaufen lassen und Sie würden Ihre 500 EUR-Investition verlieren. Die Steigerung der Renditen, die wir bei Call-Optionen gesehen haben, geht jedoch bei Put-Optionen in die andere Richtung. Wenn der Aktienkurs auf 30 EUR fällt, würden Sie einen Gewinn von 1.500 EUR erzielen. Bei 20 EUR würde der Gewinn 2.500 EUR betragen. Dies bedeutet jedoch auch, dass der Gewinn von Put-Optionen begrenzt ist – die Aktie kann nicht unter null gehen. Umgekehrt ist beim Kauf einer Call-Option das Gewinnpotenzial theoretisch grenzenlos.

Bei Optionen ist es wichtig, sich daran zu erinnern, dass es für jeden Käufer einen Verkäufer gibt, dessen Motivationen und Anreize dem Gegenteil des Käufers entsprechen. Wenn Sie beispielsweise eine Call-Option kaufen, hoffen Sie, dass der Preis steigt, da Sie das Recht haben, die Aktie zum niedrigeren Ausübungspreis zu kaufen. Der Verkäufer auf der anderen Seite dieser Transaktion ist jedoch verpflichtet, die Aktie zum Ausübungspreis zu verkaufen, wenn der Käufer die Option ausübt. Dies bedeutet, dass der Verkäufer möchte, dass der Aktienkurs fällt – wenn er unter den Ausübungspreis fällt, würde der Käufer den Vertrag wahrscheinlich auslaufen lassen und der Verkäufer würde die Prämie als Gewinn einbehalten. Wenn der Aktienkurs jedoch steigt und der Käufer die Option ausübt, muss der Verkäufer die Aktien zum Ausübungspreis verkaufen, der wahrscheinlich unter dem aktuellen Aktienkurs liegen würde. Dies gilt auch dann, wenn er die Aktien noch gar nicht besitzt. Wenn der Aktienkurs also auf 60 EUR steigt, müsste er die Aktie für 60 EUR kaufen und dann für 50 EUR verkaufen. Dies würde zu einem Verlust von 500 EUR führen. Der Kauf der Aktie für 60 EUR würde 6.000 EUR kosten, der Verkauf für 5.000 EUR würde einen Verlust von 1.000 EUR ergeben. Aber der Verkäufer behält die 500 EUR Prämie, sodass die Gesamtverluste 500 EUR betragen. Steigt der Aktienkurs in diesem Fall weiter, ist der Verlust des Call-Verkäufers theoretisch unendlich, ebenso wie der Gewinn des Käufers theoretisch unendlich ist.

Wichtige Begriffe, die Sie kennen sollten, wenn Sie am Handel mit Optionen interessiert sind, sind folgende. Bitte beachten Sie, dass die englischen Begriffe, wie so oft in der Finanzwelt, etabliert sind.

Im Geld (in the money): Eine Call-Option ist in the money, wenn der Aktienkurs höher als der Ausübungspreis ist, während eine Put-Option im Geld ist, wenn der Aktienkurs unter dem Ausübungspreis liegt.

Am Geld (at the money): Wenn Aktienkurs und Ausübungspreis entweder bei Calls oder Puts gleich sind, ist die Option am Geld.

Außerhalb des Geldes (out of the money): Eine Call-Option ist außerhalb des Geldes, wenn der Ausübungspreis über dem Aktienkurs liegt, während eine Put-Option außerhalb des Geldes ist, wenn der Ausübungspreis unter dem Aktienkurs liegt.

Prämien (premium): Premium ist der Betrag, den Sie bezahlen müssen, um einen Optionskontrakt zu kaufen. Umgekehrt ist dies das Geld, das Sie möglicherweise verdienen, wenn Sie einen Optionskontrakt verkaufen.

Derivate: Ein Derivat ist eine Art Finanzprodukt, dessen Wert von der Wertentwicklung eines anderen Finanzinstruments abhängt bzw. abgeleitet wird. Optionen sind Derivate, da ihr Wert auf den Kursänderungen einer Aktie basiert.

Insgesamt sind Optionen ihrer Natur entsprechend zum Handeln geeignet und weniger, um sie langfristig zu halten. Sie sind als risikoreich einzuschätzen und nur für fortgeschrittene Händler zu empfehlen.

Futures

Futures sind wie Optionen klassische Derivate, das heißt, ihr Wert wird an einem darunterliegenden Wert bemessen. Dieser darunterliegende Wert kann ein Index sein oder ein anderes Finanzinstrument. Banken und andere Finanzdienstleister sind sehr kreativ, wenn es um die Erfindung und die Schaffung von neuen exotischen Produkten geht. Manchmal sind Derivate so kompliziert, dass selbst die Erfinder nicht mehr den genauen Durchblick haben, wie das Instrument eigentlich funktioniert und wo der Basiswert überhaupt noch liegt. Man kann auf Derivate andere Derivate packen und das Ganze wiederum abhängig von anderen Dingen, wie Zeit und Volumen etc., machen. Darum soll es hier nicht gehen und in diesem Kapitel sollen die gängigsten und noch verständlichen Derivate, Futures und Forwards erklärt werden. Ein Futures-Vertrag besagt, dass zwei Marktteilnehmer zu einem in der Zukunft gelegenen Datum und zu einem fest vereinbarten Preis einen vereinbarten Vermögenswert tauschen müssen.

In den meisten konventionell gehandelten Futures-Kontrakten verpflichtet sich eine Partei zur Lieferung einer Ware oder einer Sicherheit zu einem späteren Zeitpunkt, im Gegenzug verpflichtet sich die Gegenpartei, einen vereinbarten Preis bei Lieferung zu zahlen. Ersteres ist der Verkäufer des Futures-Kontrakts, während letzterer der Käufer ist. Anders ausgedrückt gibt es also bei jedem Futures-Kontrakt zwei Parteien, den Verkäufer des Kontrakts, der sich verpflichtet, den Vermögenswert zum angegebenen Zeitpunkt in der Zukunft zu liefern, und den Käufer des Vertrags, der sich bereit erklärt, einen Festpreis zu zahlen und den Vermögenswert damit zu übernehmen. Falls sich nach dem Kauf des Futures der Preis des darunterliegenden Assets ändert, dann profitiert entweder der Käufer oder der Verkäufer, je nachdem, in welche Richtung sich der Preis ändert. Sinkt der Preis des darunterliegenden Wertes nach Abschluss des Vertrages, so profitiert der Verkäufer, denn ihm wurde ja ein fest vereinbarter Preis zugesagt.

Steigt der Preis, profitiert der Käufer, denn er hat günstiger eingekauft, als der derzeitige Marktwert ist. Ein Futures-Kontrakt ist ein Kontrakt in Standardform, aber die genauen Details variieren je nach darunterliegendem Finanzinstrument, auf den sich der Kontrakt bezieht. Der Vertrag regelt die Quantität und Qualität des verkauften oder gekauften Vermögenswerts genau. Der Käufer und der Verkäufer sind beide verpflichtet, die Ware zum festgelegten Preis am festgelegten Datum zu kaufen oder zu verkaufen. Fast alle großen Börsen und Broker bieten den Handel mit Futures an. Dabei geht es heute weniger darum, tatsächlich eine Ware, zum Beispiel Kaffee oder Zucker, in Empfang zu nehmen, sondern über Kursgewinne Geld zu erwirtschaften.

Der Kursgewinn bezieht sich dann auf den darunterliegenden Wert, der eins zu eins mit dem Future korreliert. Mal angenommen, Sie denken, der Kerosinpreis wird weiter steigen. So können Sie einen Future über Ihren Broker erwerben, der als darunterliegenden Wert Öl oder direkt Kerosin hat. Sie spekulieren auf Preise, die steigen. Wenn die Preise tatsächlich steigen, werden viele Fluggesellschaften und andere große Kerosin-Abnehmer die Liquidität im Markt noch weiter erhöhen und Sie haben eine gute Chance, Ihren Future zu verkaufen, da Sie ja nicht wirklich an der Lieferung für Kerosin interessiert sind. Ganz generell funktioniert der Preismechanismus bei den Futures wie bei den Optionen.

Alles, was Sie oben über Hebelwirkung gelesen haben, trifft auch hier zu. Die einzige Ausnahme ist, dass die Hebel bei den Futures in der Regel liberaler und größer sind. Das bedeutet, dass ein Emittent Ihnen einen Hebel von 20:1 anbieten kann, was bei kleinen Preissteigerungen schon sehr viel

Rendite bringen kann. Es gilt, je größer die Hebelwirkung, desto größer die Gewinne, aber auch der potenzielle Verlust: Eine 5-prozentige Preisänderung kann dazu führen, dass ein Anleger mit einem Hebel von 10:1 50 Prozent seiner Investition gewinnt oder verliert. Diese Volatilität bedeutet, dass Anleger die Disziplin brauchen, um sich bei der Anlage in Futures nicht übermäßigen Risiken auszusetzen. Wenn Ihnen ein solches Risiko zu hoch erscheint und Sie nach einer Möglichkeit suchen, Ihre Anlagestrategie zu ändern, ziehen Sie stattdessen Optionen in Betracht. Wie Sie sehen, funktionieren Optionen und Futures in ihrer Wirkungsweise ähnlich. Aber beachten Sie: Bei Optionen erwirbt der Käufer (in der Regel der Anleger) eine Option zum Beispiel auf eine Aktie, er ist aber nach Ablauf der Laufzeit nicht verpflichtet, die Aktie zu kaufen oder zu verkaufen.

Wie oben gelernt, kann er den Vertrag einfach auslaufen lassen und bleibt mit einem Verlust seiner initial gezahlten Prämie zurück. Bei den Futures gehen beide Parteien eine Verpflichtung ein, wie bei einer Wette. Beide Parteien müssen zu einem Zeitpunkt in der Zukunft etwas leisten. Das ist ein subtiler, aber entscheidender Unterschied, denn somit bleibt man nicht einfach auf seiner initial gezahlten Prämie sitzen, nein, im schlechtesten Fall bezahlt man noch viel Geld drauf, was für Kleinanleger und Großkonzerne in existenziellen Krisen enden kann.

Futures sind hochriskante Wetten. Der Handel sollte Professionellen vorbehalten sein. Falls Sie es dennoch einmal ausprobieren wollen, sollten Sie sich unbedingt noch weitere Informationen einholen und sich auf diesem Gebiet weiterbilden.

ETFs und andere Fonds

Wenn Sie Aktienhandel und Diversifikationsvorteile von Investmentfonds vereinen möchten, sind Exchange Traded Funds, kurz ETFs, gut für Sie geeignet. Wie der Name schon kundtut, werden Exchange Traded Funds an jeder großen Börse gehandelt und können zu regulären Börsenöffnungszeiten erworben oder verkauft werden. ETFs haben oft niedrigere Gebühren als andere Fondsarten. Je nach Typ haben ETFs unterschiedliche Risikostufen. Ein ETF funktioniert so: Der Fondsanbieter besitzt die zugrundeliegenden Vermögenswerte, das können Aktien sein, aber auch Anleihen, Rohstoffe oder Währungen, und entwirft einen Fonds, um seine Wertentwicklung nachzubilden, und verkauft dann Anteile an diesem Fonds an Anleger. Anteilsinhaber besitzen einen Teil eines ETF, jedoch nicht die zugrundeliegenden Vermögenswerte des Fonds.

Es empfiehlt sich, den Werbeprospekt für einen ETF gut durchzulesen, da es auch Fonds gibt, bei denen die Anleger im Falle von Aktienfonds sogar Dividendenzahlungen bekommen. Je nachdem, ob der Fonds nun ausschüttend oder thesaurierend ist, werden diese Dividenden dann entweder an Sie ausgezahlt oder im Fall eines thesaurierenden Fonds direkt wieder in Ihrem Namen in den Fonds investiert. Der Vorteil eines ETFs liegt für den Anleger darin, dass er mit einem Anteil an der Entwicklung eines ganzen Bündels von Aktien oder anderen Wertpapieren teilhaben kann. Im Allgemeinen haben ETFs niedrigere Gebühren als Investmentfonds, was sie insbesondere für Kleinanleger besonders attraktiv macht.

Im Jahr 2019 betrug der durchschnittliche jährliche Verwaltungsaufwand für Aktienfonds ca. 0,52 %. Die durchschnittliche Kostenquote für Indexaktien-ETFs betrug hingegen nur ca. 0,18 %. ETFs haben in der Regel keinen Fondsmanager, das heißt, sie werden passiv verwaltet, weswegen die Gebühren auch so niedrig sind. Es gibt zwar auch aktiv verwaltete ETFs, jedoch sind diese selten und man findet sie nicht so häufig wie bei Investmentfonds. ETFs werden besonders bei Anfängern immer beliebter. Wie Aktien können ETFs an Börsen gehandelt werden. Sie verfügen auch über Tickersymbole, mit denen Sie ihre Preisaktivität verfolgen können. Im Gegensatz zu Aktien, die nur ein Unternehmen repräsentieren, stellen ETFs einen Aktienkorb dar. Da ETFs mehrere Vermögenswerte umfassen, bieten sie eine bessere Diversifikation als eine einzelne Aktie. Somit minimieren Sie Ihr Risiko. ETFs konzentrieren sich in der Regel auf bestimmte Sektoren oder Themen. Das können Themen wie Energie, Autos, Blue Chips,

Innovationen, künstliche Intelligenz etc. sein oder sie konzentrieren alle großen Unternehmen rund um den Globus in sich. ETFs sind sehr transparent, das heißt, Sie können die Entwicklung sowohl des ETFs als auch der darunterliegenden Werte gut nachvollziehen. Risikofaktoren bei dieser Art von Investment können höchstens potenzielle Liquiditätsprobleme sein.

Wie bei jedem Wertpapier werden Sie beim Verkauf von den aktuellen Marktpreisen abhängig sein, aber ETFs, die nicht so häufig gehandelt werden, können nicht so leicht verkauft und abgestoßen werden. Handeln Sie eher mit geläufigen und weitverbreiteten ETFs. Zudem kann es immer auch das Risiko geben, dass der ETF schließt: Der Hauptgrund dafür ist, dass ein Fonds nicht genügend Vermögenswerte eingebracht hat, um die Verwaltungskosten zu decken. Die größte Unannehmlichkeit eines geschlossenen ETF besteht darin, dass Anleger früher als beabsichtigt verkaufen müssen, womöglich mit Verlust.

Generell gilt, dass ETFs eine tolle und risikoarme Methode der Vorsorge darstellen. Eine langfristige Sichtweise wird empfohlen. Die passiv verwalteten Fonds generieren wenig Kosten und wenn Sie in einen Indexfonds investieren, können Sie fast sicher sein, dass dieser über eine lange Zeitspanne steigt. ETFs eignen sich wunderbar als Teil eines Sparplans, für Sie selbst oder für Ihre Kinder. Man kann einen ETF im Namen seines Patenkinds anlegen und ihn zum Geburtstag verschenken. Die Zeiten des Sparkasse-Sparbuches sind im Negativzins-Umfeld vorbei. Es ist wichtig, seine Finanzen selbst in die Hand zu nehmen und in eine echte Wertsteigerung zu investieren. Sie können ETFs leicht über alle gängigen Online-Broker erwerben und müssen nicht zu Ihrer Bankfiliale. Streuen Sie ruhig auf verschiedene Sektoren und Branchen und auf verschiedene Underlyings, wie Aktien oder, konservativer, Anleihe-ETFs.

ETCs

Exchange Traded Commodities, auf Deutsch börsengehandelte Rohstoffe, sind eine Möglichkeit, in Rohstoffe zu investieren. Anders als in früheren

Zeiten gehen Bauern und Landwirte nicht tatsächlich mit Milch und Weizen an die Börse, um ihre Ware gegen teurere Ware oder gegen Geld einzutauschen. Der Zugang zum Investieren in Rohstoffe soll dennoch auch heute für Anleger ermöglicht werden. Finanzdienstleister, Banken, Börsen und andere Anbieter von Finanzprodukten haben sich daher eine Möglichkeit überlegt, wie man heute noch in Rohstoffe wie Weizen, Gold, Öl oder Lithium investieren kann. Die Antwort der Emittenten waren die Exchange Trades Commodities, kurz ETCs.

Was bis vor nicht allzu langer Zeit nur bestimmten auserwählten Institutionen und Großverdienern möglich war, ist nun auch für den Kleinanleger zugänglich. Viele Broker und Börsen bieten mittlerweile den unkomplizierten Handel mit Rohstoffen an. ETCs können wie Aktien gehandelt werden. Sie sind einfach und effizient zu handhaben. Die Palette von Rohstoffen und Rohstoffindizes einschließlich Energie, Metalle und Landwirtschaft wächst stetig weiter. Somit haben sich ETCs nun mittlerweile auch als ein echter alternativer Vermögenswert etabliert.

Exchange Traded Commodities sind Anlagevehikel, die die Wertentwicklung eines Basiswerts des Rohstoffindexes nachbilden. Sie ähneln Exchange Traded Funds (ETFs) und werden gehandelt und abgewickelt wie normale Aktien. ETCs sind unbefristete Wertpapiere und man findet sie meist in zwei Hauptformen: Investoren können in Fonds basierend auf einem einzelnen Rohstoff investieren, meist sind das Rohstoffe wie Gold oder Zink, oder aber sie bevorzugen ihr Investment in einen Fonds zu stecken, der einen breiteren Index an Rohstoffen abbildet.

Man könnte hier an Edelmetalle im Allgemeinen denken, zum Beispiel an einen Fonds, der die Wertentwicklung von Gold, Silber und Platin abbildet. Kursgewinne können bei ETCs durch einen Anstieg des Preises erzielt werden. Zusätzlich gibt es ETCs, die einen Zins auf den initialen Kaufpreis bezahlen. Die Vorteile von ETCs sind, dass sie auf jeden Fall eine gewisse Balance in ein Portfolio bringen. Man kann sie als Inflationsabsicherung nutzen, da Rohstoffe in der Regel geringer mit der Preispolitik korrelieren.

Ihr Wert ist relativ stabil. Somit können sie als risikoarmes Finanzprodukt eingestuft werden. Es liegt in Ihrer freien Entscheidung, ob Sie die Position langfristig oder kurzfristig in Ihrem Depot halten möchten. Eine langfristige zukunftsorientierte Sichtweise ist aber eindeutig zu empfehlen, da im heutigen Negativzinsumfeld Ihr Geld auf der Bank gar nichts mehr einbringt, im Gegenteil: Sie müssen sogar draufbezahlen, damit es dort liegen darf.

Pennystocks

Pennystocks, wörtlich übersetzt Pfennig-Aktien (da dieser Begriff nie Verwendung findet, wird hier der englische Begriff genutzt), haben in den letzten Jahren aufgrund der niedrigen Eintrittsbarriere und der Möglichkeit, kleine Summen in große Gewinne zu verwandeln, an Popularität gewonnen. Zudem wurden sie durch den bekannten Hollywood-Film „The Wolf of Wall Street" bekannt, da dort der Hauptdarsteller Millionen mit Pennystocks gemacht hat. Versierte Anleger, die gelernt haben, mit Pennystocks Geld zu verdienen, haben das Potenzial, schnelle Gewinne zu erzielen, wobei aber die überwiegende Mehrheit der Pennystock-Investoren wahrscheinlich Verluste machen wird.

Um tatsächlich Gewinne mit Pennystocks machen zu können, ist es wichtig, zu verstehen, was sich dahinter verbirgt. Pennystocks sind auf dem US-amerikanischen Markt auch noch unter den Namen Microcaps, Small Caps und Aktien unter 5 US-Dollar bekannt. Einige von ihnen sind möglicherweise nicht an einer großen Börse notiert und die Potenzialanalyse erfordert womöglich einen etwas verfeinerten Ansatz im Vergleich zu anderen „normalen" Aktien. Die meisten Aktien sind an der NASDAQ, der New York Stock Exchange, der Deutschen Börse und anderen wichtigen Märkten notiert. Pennystocks hingegen werden oft an den OTC- bzw. Over-the-Counter-Märkten gehandelt. Dies spielt jedoch keine Rolle beim Handel, denn die meisten Online-Broker bieten auch den Direkthandel an. Unternehmen, die an großen Börsen gelistet sind, müssen eine gewisse Offenlegungspflicht bezüglich ihrer Bilanz und ihrer Gewinn-und-

Verlustrechnung sowie anderen Finanzdokumenten einhalten. Kleine Unternehmen müssen das per Gesetz nicht. Sie müssen sich weder an das Handelsgesetzbuch noch an die US-amerikanische Berichterstattungsform US-GAAP halten. Pennystocks, die in Listen wie den Pink Sheets erfasst sind, erfüllen diese Anforderungen möglicherweise nicht, sodass Sie weniger Informationen haben, auf die Sie Ihre Handelsentscheidungen stützen können und somit ein höheres Risiko tragen.

Als Pink Sheets werden im US-amerikanischen Raum Notierungen für Aktien, die außerbörslich (OTC) und nicht an einer großen US-Börse gehandelt werden, bezeichnet. Pink Sheet Listings sind nur gedacht für Aktien von Unternehmen, die die Anforderungen für eine Notierung an einer großen US-Börse wie der New York Stock Exchange (NYSE) nicht erfüllen können oder wollen. So gibt es auch einige Unternehmen, die sich dafür entscheiden, ihre Aktien über das außerbörsliche Netzwerk zu verkaufen, um die höheren Kosten und regulatorischen Anforderungen für die Notierung an einer Börse zu vermeiden. Die Kapitalmärkte unterscheiden vier Gruppierungen von Pennystocks.

Die erste Gruppe sind die Aktien, die an wichtigen Börsen wie der NASDAQ und der New York Stock Exchange notiert sind. Sie liegen normalerweise unter 5 USD pro Aktie, obwohl sie auch manchmal etwas höher sein können. Sie unterliegen höheren Standards als OTC-Pennystocks, da sie der Börse Finanzinformationen zur Verfügung stellen müssen, was bedeutet, dass sie weniger anfällig für Manipulationen sind.

Die zweite Gruppe sind traditionelle Pennystocks, die normalerweise zwischen einem Cent und 99 Cent liegen. Die dritte Gruppe sind Sub-Pennystocks, die unter einem Penny pro Aktie gehandelt werden. Letztendlich sind diese Unternehmen nicht stark genug, um die Aktie mit mindestens einem Penny pro Aktie zu bewerten.

Die vierte Gruppe sind Triple-Zero-Aktien, was bedeutet, dass sie zwischen 0,0001 und 0,0009 Cent pro Aktie gehandelt werden. Diese Aktien sind Hochrisiko-Aktien, dennoch kann der Gewinn enorm sein, wenn man den Mut hat, zu investieren. Stellen Sie sich vor, Sie kaufen eine enorm große Menge dieser Aktien und diese steigen auf 5 Penny. Das Problem ist, dass man diese Gruppe selten bei den Online-Brokern findet.

Technisch gesehen sind Aktien, die an traditionellen Börsen notiert sind, keine Pennystocks, unabhängig davon, wie niedrig ihr Preis ist. Wenn die Aktie eines großen Unternehmens plötzlich unter einen Dollar fallen würde, würde sie nicht automatisch zu einer Penny-Aktie werden. Viele Faktoren können zu einem Kursrückgang führen, das gilt auch für die Aktie eines ansonsten noch soliden, seriösen und börsenkonformen Unternehmens. Unternehmen, die Aktien an der Börse haben, bieten den Anlegern ein gewisses Vertrauen, da sie normalerweise nicht als volatil angesehen werden.

Alle großen Börsen der Welt verlangen für die Notierung eine Mindestmarktkapitalisierung und einen Mindestaktienkurs sowie jährliche Notierungsgebühren. Wenn eine Aktie unter den Punkt fällt, an dem ihre Kapitalisierung oder ihr Preis pro Aktie zu niedrig ist, um diese Standards zu erfüllen, hat der Markt die Möglichkeit, die Aktie von der Börsennotierung zu befreien. In diesem Fall wandert die Aktie in den OTC-Markt. Wie bereits erwähnt, ist der Handel mit Pennystocks riskant. Die Preise für diese Art von Aktien sind hochvolatil, was natürlich zu hohen Verlusten führen kann. Sie können jedoch mit dem Handel mit Pennystocks auch viel Geld verdienen, wenn Sie klug handeln und wissen, wonach Sie suchen müssen. Die Frage ist: Was macht eine Pennystock-Aktie zu einer potenziell gewinnbringenden Aktie? Es gibt ein paar Merkmale, nach denen Sie suchen müssen. Sie werden ausführlich im Kapitel „Kennzahlen“ beschrieben. Diese Finanzkennzahlen sind auch dafür geeignet, Pennystocks zu bewerten.

Achten Sie wie bei jedem Investment, aber besonders bei Pennystocks sehr gut darauf, ihr Risiko zu minimieren, denn auch, wenn die Verlockung nach viel Geld groß ist, ist die Gefahr des Verlustes genauso groß. Es gibt einige Möglichkeiten, das Risiko zu senken und sich selbst in eine Position zu bringen, in der es möglich ist, mit Pennystocks Geld zu verdienen.

Vermeiden Sie Aktien, die anfällig für Manipulation und Betrug sind. Die renommiertesten Unternehmen bringen Ihnen nicht nur eher eine Rendite, sondern ermöglichen auch eine weniger riskante Investition. Wenn Sie absolut keine Informationen über ein Unternehmen finden können und Ihnen auch direkt vom Unternehmen niemand antwortet, sollten Sie die Finger von dessen Aktien lassen. Vermeiden Sie Gruppen von Zockern, die Aktien durch gezielte Propaganda in die Höhe treiben wollen. Viele OTC-Pennystocks werden als der nächste große Durchbruch beworben, aber die Realität ist, dass diese Unternehmen fast keine Erfolgsgarantie bieten. Vermeiden Sie Pennystocks mit geringer Liquidität. Die meisten Pennystocks haben ein Volumen von Tausenden Aktien pro Tag, aber Pennystocks mit guten, positiven Nachrichten könnten ein hohes Volumen von Millionen Aktien an einem Tag haben. Das ist ein guter Tag, um Kursgewinne zu realisieren.

Um das Risiko beim Handeln mit Pennystocks zu reduzieren, ist es auch besonders wichtig, nicht zu übertreiben. Bei Pennystocks können Sie auch während des Tages durch kleinere Kursbewegungen gute Gewinne realisieren. Es gilt, nicht gierig zu sein und über die Zeit mit vielen kleineren klugen Käufen und Verkäufen Gewinn zu realisieren. Wie Sie schon herauslesen können, wäre es angebrachter, wenn Sie sich bei Pennystocks auf den Handel und nicht auf Investitionen konzentrieren.

Handeln Sie jeden Tag mit Pennystocks und Sie werden feststellen, dass Sie mit dem Kauf und Verkauf von Pennystocks gutes Geld verdienen. Über Wochen, Monate und Jahre gesehen können Sie sich ein gutes Taschengeld erwirtschaften. Immer wichtig bei jedem Wertpapier und in jeder Risikomanagementstrategie ist die Diversifikation des Portfolios. Diversifizieren Sie Ihre Pennystocks. Während die Meinungen über die Anzahl der Pennystocks, die Sie besitzen sollten, unterschiedlich sind, sollten Sie in mindestens drei von vier Wirtschaftssektoren tätig sein, die gesund sind und wachsen. Riskieren Sie nur, was Sie sich leisten können, zu verlieren. Es gibt keine Garantien für Investitionen, insbesondere, wenn Sie mit Pennystocks handeln. Sie sollten nur mit Geld handeln, dessen Verlust Sie sich leisten können, wenn das Worst-Case-Szenario eintritt. Angesichts des Risikos und der Unsicherheit beim Handel mit Pennystocks ist diese Option nicht für jeden eine gute Wahl. Wenn Sie jedoch Risiko tolerieren, kann der Handel mit Pennystocks eine großartige Einnahmequelle mit dem Potenzial für massive Gewinne sein.

WERTPAPIERKENNZAHLEN UND CHARTTECHNIK

Fundamentalanalyse

Nun, da Sie einen guten Überblick über alle gängigen Wertpapiere haben, sollen im Folgenden Kennzahlen zur Analyse von Wertpapieren dargestellt werden. Ziel dieses Kapitels soll es sein, ein Verständnis dafür zu entwickeln, wie Sie am besten nach guten Investmentmöglichkeiten suchen können. Es gibt viele Finanzkennzahlen und Analysen, die Ihnen helfen können, die Aktie oder jedes andere Wertpapier zu finden, das am meisten Renditepotenzial aufweist. Generell gibt es zwei Arten der Analyse von Wertpapieren: die fundamentale und die technische.

Die Fundamentalanalyse verwendet Informationen über das Unternehmen selbst, wie zum Beispiel Management, Schulden, Verträge, Klagen und Einnahmen, während die technische Analyse Muster auf einem Handelsdiagramm verwendet. Die Kombination aus beiden kann Ihnen gute Einblicke in das Investment gewähren. Sobald Sie nach Anwendung der Fundamentalanalyse qualitativ hochwertige Unternehmen gefunden haben, kann Ihnen die technische Analyse viele Einblicke in die zugrundeliegenden Aktien und ihr derzeitiges Momentum geben. Bevor Sie mithilfe der Finanzkennzahlen tatsächliche Werte berechnen, stellen Sie sich zunächst einmal eine ganz generelle und rationale Analyse auf, bevor Sie in eine bestimmte Aktie oder ein Derivat, das auf dieser Aktie aufbaut, investieren. Im

Folgenden sind Fakten aufgeführt, die Sie für Ihre rationale Analyse verwenden können:

Ein Unternehmen muss Geld verdienen. Ein Unternehmen, das Geld verliert, ist immer eine Fehlinvestition, egal, wie niedrig der Aktienkurs ist. Schauen Sie sich also das Unternehmen genau an. In Zeiten von Internet und Social Media ist das kein Problem mehr. Was wird hergestellt und kommt es beim Publikum gut an? Was denken Sie persönlich über das Produkt? Hat es eine Zukunft? Würden Sie es kaufen? Arbeitet das Unternehmen an einem Produkt, das für größere Unternehmen von Interesse sein könnte, sodass das Start-up möglicherweise aufgekauft wird von einem Großkonzern?

Ein Unternehmen benötigt eine sehr gute Kapitalbasis. Starke Unternehmen sollten über genügend Geld verfügen, um Eventualitäten abzudecken. Falls es sich um ein neues Unternehmen handelt, das ganz neu auf dem Radar ist und noch nicht an einer Börse gelistet ist, suchen Sie auf der Homepage nach den Namen der Investoren. Wenn Sie keine finden, schreiben Sie das Unternehmen direkt an und fragen Sie. Ein seriöses Unternehmen wird immer antworten. Versuchen Sie, auch hier über die Netzwerke an Antworten zu kommen. Begeben Sie sich in Reddit- und Twitter-Gruppen, die sich für das Unternehmen interessieren, und tauschen Sie sich aus.

Jedes ernst zu nehmende Unternehmen muss eine Strategie haben, um das Geschäft auszubauen und an einer großen Börse notiert zu werden. Die Ziele und die langfristige Strategie sollten den Aufbau eines langfristigen Unternehmens und die Rückzahlung der Schulden an die Investoren umfassen. Zeichen von Strategien sind zum Beispiel Expansion. Werden Filialen aufgemacht, sehen Sie Werbung in Fachzeitschriften? Gibt es öffentliche Podiumssitzungen via Livestream im Internet? Tritt das Unternehmen bei großen Veranstaltungen als Sponsor auf, um potenzielle Investoren anzuwerben oder generell Marketing zu betreiben? Wie äußert sich der Vorstand zu den Plänen des Unternehmens? Mögen Sie den Vorstand? Ist er Ihnen sympathisch? Wer sitzt im Aufsichtsrat? Sind das ehemalige

Politiker, die in Korruption oder Skandale verwickelt waren? Sie sehen, hier gibt es viele Fragen, die Sie sich stellen können, und die Informationen sind bei den börsengelisteten Unternehmen frei zugänglich. Wenn ein Unternehmen noch in der Wachstumsphase steckt, werden Sie in Foren aktiv und tauschen Sie sich mit anderen aus, die diese Informationen haben könnten.

Lesen Sie die Zeitung und halten Sie sich auf dem Laufenden, was aktuelle Nachrichtenmeldungen angeht. Suchen Sie nach Aktien, die aufgrund einer Nachrichtenmeldung, die für das Unternehmen lukrativ sein könnte, steigen. Vermeiden Sie gleichzeitig jedoch Aktien mit negativer Presse, da dies einen Verlust für die Aktien bedeutet.

Stellen Sie sich vor Kauf die oben aufgeführten Fragen. Es empfiehlt sich, eine Liste mit allen Unternehmen zusammenzustellen, die anhand der oben genannten Parameter in Ihre Auswahl kommen.

Nun können Sie mit der Fundamentalanalyse starten. Die Fundamentalanalyse betrachtet die Wirtschaft als Ganzes. Sie vergleicht Aktien mit anderen im gleichen Sektor und sie betrachtet die verschiedenen Komponenten eines Unternehmens. Die für die Fundamentalanalyse benötigten Informationen sind öffentlich, das heißt, jeder kann sie verwenden und sie sind jedem zugänglich. Institutionelle Analysten und Privatanleger können gleichermaßen auf relevante Unternehmensdaten zugreifen. Zu den fundamentalen Analyseindikatoren können Umsatz, Gewinn, Buchwert und Eigenkapitalrendite gehören, zudem Gewinnmargen, zukünftige Wachstumsprognosen und Kurs-Gewinn-Verhältnisse.

Diese Faktoren werden später genauer erläutert. Das Ziel der Fundamentalanalyse besteht darin, zu beurteilen, wie sich Aktien in Zukunft entwickeln könnten. Hat die Aktie Potenzial für zukünftiges Wachstum? Und wenn ja, was könnte der beste Preis zum Kaufen sein? Wenn ein Analyst eine Aktie für einen guten Kauf hält, bezeichnet er sie als „übergewichtet“. Dies bedeutet, dass er glaubt, dass der Preis steigen wird und die Aktie eine gute Ergänzung für die Portfolios der Kunden ist. Wenn er sie für überteuert hält, bezeichnet er sie als „untergewichtet“ und rät den Kunden von einem Kauf ab. Analysten verwenden die besten verfügbaren Tools zur Fundamentalanalyse, um Kunden zu beraten. Ihr Ziel ist es, ihr Gewinnpotenzial zu maximieren.

Ein fundamentaler Ansatz konzentriert sich auf den inneren Wert einer Aktie, das heißt, wie viel sie basierend auf ihrer fundamentalen Leistungsfähigkeit wert ist. Es gibt zwei Möglichkeiten, um mit der fundamentalen Analyse zu beginnen.

Die Top-Down-Analyse beginnt mit der Gesamtwirtschaft. Sie analysieren, wie sich die Märkte entwickeln, dann konzentrieren Sie sich auf einen bestimmten Sektor und schließlich auf ein ausgewähltes Unternehmen. Diese Analysetechnik geht auch mit den vorangegangenen Fragestellungen Hand in Hand, denn dort haben Sie ja auch schon bestimmt, welche Unternehmen in die nähere Auswahl kommen, indem Sie die Gesamtlage betrachtet haben.

Die Bottom-Up-Analyse ist das Gegenteil. Sie beginnt mit einem bestimmten Unternehmen und geht dann über zu Prognosen für die Branche und dann für den Gesamtmarkt.

Innerhalb dieser beiden Ansätze, die gleich gut sind (hier entscheiden Sie selbst, welchen Ansatz Sie präferieren), gibt es wiederum zwei übergeordnete Faktoren der Analyse: die messbare, auch quantitative Analyse und die qualitative Analyse. Die quantitative Fundamentalanalyse konzentriert sich auf Dinge, die Sie messen können. Es geht um Zahlen und Fakten. Ein Beispiel ist die Analyse des Jahresabschlusses eines Unternehmens. Auch Erfolgsrechnungen, Bilanzen, Cashflow- und Ergebnisberichte fließen in die quantitative Fundamentalanalyse ein. Sie können aus denselben Informationen unterschiedliche Interpretationen ziehen. Die qualitative Fundamentalanalyse konzentriert sich auf Faktoren, die interpretiert werden müssen. Das erfordert Erfahrung. Die qualitative Analyse betrachtet Faktoren wie das Geschäftsmodell und das Management eines Unternehmens, die Corporate Governance-Struktur und die Wettbewerbslandschaft.

Die Fundamentalanalyse ist ein zeitaufwendiger Prozess, der aber am Ende einen guten Überblick über die finanziellen Verhältnisse des Unternehmens gibt. Analysieren Sie zunächst den Jahresabschluss über einen Zeitraum von mehreren Monaten oder Jahren. Eine gesunde Bilanz ist viel mehr als eine Aufstellung der Vermögenswerte und Verbindlichkeiten: Sie ist ein Zeichen für Stärke und Effizienz. Aus ihr kann man ablesen, ob ein Unternehmen über die optimale Mischung aus Aktiva, Passiva und Eigenkapital verfügt und seine Ressourcen nutzt, um das Wachstum voranzutreiben.

Mit der richtigen Mischung und einer positiven Nettovermögensposition ist ein Unternehmen gut aufgestellt, um erfolgreich zu sein. Im Grunde ist eine Bilanz eine Gegenüberstellung des Vermögens, des Fremdkapitals und des Eigenkapitals in der Regel zum Ende eines Geschäftsjahres. Dabei versteht man unter Vermögen das Bargeld, das Inventar, Maschinen, Immobilien, Investitionen in andere Unternehmen sowie Forderungen gegenüber anderen Unternehmen oder Kunden. Auf der Passivseite stehen hingegen Verbindlichkeiten. Dies sind in der Regel Verbindlichkeiten aus Lieferungen und Leistungen, Darlehen, die an andere Banken zurückgezahlt werden müssen, andere Schulden, Steuern, Gesellschafterdarlehen, Kundenanzahlungen und Kundeneinlagen, Rückstellungen für drohende Verluste und Rechnungsabgrenzungsposten. Zudem finden Sie auf der Passivseite die wichtige Position Eigenkapital.

Alle Bilanzen sind nach der grundlegenden Bilanzierungsgleichung strukturiert, bei der die Vermögenswerte auf der Aktivseite und die Verbindlichkeiten mit Eigenkapital auf der Passivseite stehen. Die größten börsennotierten Unternehmen bilanzieren in der Regel nach US-GAAP-Standard, da sie global agieren. Bilanzen enthalten alle wichtigen Informationen zur Berechnung der wichtigsten Finanzkennzahlen. Betrachten Sie sie als Momentaufnahme der finanziellen Gesundheit des Unternehmens zu einem bestimmten Zeitpunkt. Aber was gilt nun als starke Bilanz? Sie sollten auf folgende Schlüsselindikatoren achten, um dies zu bestimmen:

Achten Sie auf das Nettovermögen nach Abzug aller Zinsen und Steuern. Ist es positiv und relativ hoch im Vergleich zur Konkurrenz, dann ist das ein positives Zeichen, dass es dem Unternehmen gut geht. Es zeigt, ob ein Unternehmen profitabel ist und ob diese Gewinne wieder in das Unternehmen investiert werden. Unternehmen mit einer positiven Nettovermögenslage können sich bei schwierigen wirtschaftlichen Bedingungen besser behaupten.

Beachten Sie die richtige Menge an wichtigen Vermögenswerten. Assets funktionieren am besten für ein Unternehmen, wenn sie aktiv Wert schaffen. Beispielsweise kann ein zu hoher Lagerbestand ein Zeichen dafür sein, dass sich die Lagerbestände nicht schnell genug abverkaufen. Eine geringe Anzahl von Lagerbestand kann jedoch ein Zeichen für einen gut verwalteten Vermögenswert und ein Unternehmen sein, das ein gutes Gleichgewicht hält, natürlich ist dies abhängig von der spezifischen Branche.

Achten Sie darauf, dass es mehr Schuldner als Gläubiger gibt. Wenn dem Unternehmen mehr Geld geschuldet wird, als das Unternehmen selbst schuldet, ist dies ein sicheres Zeichen für eine gesunde Bilanz. Tatsächlich ist dies einer der Schlüsselindikatoren für die Zahlungsfähigkeit des Unternehmens. Verfolgen Sie genau die Forderungen, die das Unternehmen auf der Bilanz aufweist, am besten über mehrere Monate hinweg. Falls die Forderungen immer höher werden, kann dies ein Zeichen dafür sein, dass die Kunden nicht rechtzeitig bezahlen bzw. bezahlen können. Vergleichen Sie diese Position mit der Rückstellungsposition. Falls diese sich auch erhöht, ist es meist ein eindeutiger Indikator dafür, dass das Unternehmen bestimmte Forderungen abschreiben muss. Überzogene Gläubigerpositionen könnten somit ein Cashflow-Problem im Geschäft widerspiegeln.

Achten Sie auf eine solide Ausgeglichenheit von Fremdkapital und Eigenkapital. Dies ist intuitiv schon zu verstehen. Wenn eine Person oder ein

Unternehmen mehr eigenes Geld als fremdes Geld hat, ist das besser, denn fremdes Geld bedeutet Schulden, entweder gegenüber den Kunden oder Lieferanten oder gegenüber Banken. Fremdes Kapital aufzunehmen, ist an sich zunächst nichts Schlimmes oder Verwerfliches.

Es geht hier vielmehr darum, wie schnell und wie gut ein Unternehmen seine Schulden mithilfe seines Eigenkapitals zurückzahlen kann. Ist der Betrieb hauptsächlich mit Schulden aufgebaut und nur anhand von Krediten auf den Beinen, so ist das Risiko groß, das dieser Betrieb mit sich bringt. Denn wenn die Gläubiger ihr Geld zurückhaben möchten und der Betrieb es nicht zurückzahlen kann, so geht er bankrott und somit werden die Aktien, die Sie halten, wertlos. In der Finanzliteratur wird dies durch den Verschuldungsgrad berechnet. Zudem wird zwischen statischen und dynamischen Verschuldungsgraden unterschieden.

Der statische Verschuldungsgrad lässt sich direkt aus der Passivseite der Bilanz ableiten. Der dynamische Verschuldungsgrad ist keine Prozentzahl und errechnet sich ein wenig anders als der statische. Um die Lesefreundlichkeit zu bewahren und nicht zu kompliziert zu werden, wird hier der statische Verschuldungsgrad näher erläutert, da dieser öfter zur Bewertung von Unternehmen herangezogen wird. Die Berechnung des statischen Verschuldungsgrads ist simpel, die Formel lautet: Fremdkapital + Rückstellungen + passive Rechnungsabgrenzungsposten geteilt durch Eigenkapital. Sagen wir nun, Sie haben den Verschuldungsgrad berechnet und er lautet 1,5. Was bedeutet diese Zahl?

Sie zeigt, dass das Unternehmen mehr Schulden als Eigenkapital hat, aber das wird bei den meisten großen Kapitalgesellschaften der Fall sein. Diese Zahl kann nur gut interpretiert werden, wenn Sie sie mit anderen Verschuldungsgraden aus derselben Branche bzw. aus dem gleichen Sektor betrachten. Ist der Verschuldungsgrad von BMW größer als der von Mercedes, sehen Sie, dass Mercedes eine bessere Eigenkapitalquote hat als BMW. Das ist ein positives Indiz für die Aktie von Mercedes.

Sie können neben dem Verschuldungsgrad, also der Solvenz-Fähigkeit eines Unternehmens, auch wichtige Liquiditätskennzahlen aus der Bilanz ablesen. Diese sagen aus, inwiefern und vor allem wie schnell ein Unternehmen seine Schulden bezahlen kann, ohne dafür Kredite aufnehmen zu müssen. Damit ist nicht unbedingt das Cash in der Kasse gemeint, sondern auch die Möglichkeit, Vermögenswerte in liquide Mittel umzuwandeln. Es gilt wie bei allen Kennzahlen, dass ein Vergleich zwischen Unternehmen oder ein Vergleich verschiedener Zeitperioden die beste Interpretation bietet. Den Vergleich von verschiedenen Zeitperioden ein und desselben Unternehmens bezeichnet man als internen Vergleich, jenen zwischen verschiedenen vergleichbaren Unternehmen als externen Vergleich. Bei der internen Analyse gilt es, zu beachten, dass die Rechnungsabschlüsse alle nach gleichen Rechnungslegungsmethoden erstellt wurden.

Wenn ein Unternehmen in den Jahren 2000–2012 lediglich nach HGB berichtet hat und ab 2012 nach US-GAAP berichtet, sind die Bilanzen und die Kennzahlen keinesfalls vergleichbar! Bei der externen Analyse ist es wichtig, wirklich nur vergleichbare Unternehmen heranzuziehen. So kann man Mercedes und BMW gut miteinander vergleichen, aber eine Bank und einen Versicherer nicht, da Versicherungen oftmals andere Kapitalstrukturen aufweisen, obwohl sie wie die Banken allgemein der Finanzdienstleistungsbranche zugeordnet werden. Darüber hinaus ist es ratsam, für den Vergleich Unternehmen der gleichen Größe heranzuziehen. Das ist fast selbsterklärend, denn ein kleiner Betrieb wird immer mehr Bargeld in der Kasse haben als ein Großkonzern.

Die Finanzwelt unterscheidet verschiedene Liquiditätsgrade. Dies sind 1, 2 und 3, wobei Grad 1 aussagt, dass das Unternehmen innerhalb kürzester Zeit Verbindlichkeiten begleichen kann. Das heißt, das Unternehmen hat einen großen Bestand an Bargeld bzw. Cash. Die Berechnung erfolgt, indem man die liquiden Vermögensgegenstände, wie Bargeld und Kassenbestand, durch die kurzfristigen Verbindlichkeiten teilt und das Ganze mit 100 multipliziert. Sagen wir, das Unternehmen kann sofort alle Verbindlichkeiten mit liquiden Mitteln begleichen, so lautet die Kennzahl 1. Hier ist es wieder wichtig, zu verstehen, was das bedeutet und ob das überhaupt gut ist. Eine Kennzahl von 1 ist nicht unbedingt positiv, denn es zeigt ja, dass das Unternehmen zu viel Cash hält. Analysten könnten sich hier die Frage stellen, warum das Geld nicht anderweitig arbeitet und zum Beispiel Zinsen einbringt. Eine Kennzahl 1 kommt auch so gut wie nie vor bei großen Kapitalgesellschaften. Vielmehr wird die Zahl meist darunter liegen. Hier ist wieder ein Vergleich zu ähnlichen Unternehmen aussagekräftig. Die Kennzahl zweiten Grades wird genauso berechnet wie die des ersten Grades, wobei im Zähler nicht nur Bargeld und Kassenbestand stehen, sondern auch die kurzfristigen Forderungen hinzugenommen werden. Wenn bei der Berechnung des zweiten Grades nun ein Ergebnis von 1 herauskommt, ist dies eine positive Indikation, denn sie zeigt, dass das Unternehmen es schafft, die Schulden kurzfristig mit den zur Verfügung stehenden Vermögenswerten zu bezahlen.

Die Kennzahl dritten Grades zeigt das Verhältnis von Umlaufvermögen zu kurzfristiger Verbindlichkeit an. Ein Wert von über 1 ist hier als positiv zu betrachten. Falls der Wert 2 ist, gilt das schon als äußerst positiv, denn er zeigt an, dass das Unternehmen mit seinem Umlaufvermögen gar zweimal die kurzfristigen Verbindlichkeiten begleichen könnte.

Neben Solvenz- und Liquiditätskennzahlen gibt es noch eine weitere Gruppe von Finanzzahlen, die Ihnen helfen kann, die Leistungsstärke eines Unternehmens zu bestimmen. Es ist die Gruppe der Rentabilitätskennzahlen. Auch für diese Gruppe gilt: Der Vergleich mit ähnlichen Unternehmen bietet die beste Indikation. Die bekanntesten Rentabilitätskennzahlen sind die Gewinnspanne, die Kapitalrenditen (ROA – Return on Asset und ROI – Return on Investment), die Eigenkapitalrendite (ROE – Return on Equity) und das Kurs-Gewinn-Verhältnis (KGV).

Gewinnspanne/Gewinnmarge

Die Gewinnmarge ist der Gewinn einer Unternehmung vor Zinsen und vor Steuern im Verhältnis zum Umsatz. Der englische Begriff hierfür ist EBIT. Die Formel ist somit Gewinn vor Zinsen und Steuern/Umsatz. Um eine Prozentzahl zu erhalten, kann man das Ergebnis mit 100 multiplizieren. Man erhält somit die Vorsteuermarge. Was sagt nun diese Zahl aus? Generell sagt die Vorsteuermarge aus, wie profitabel ein Unternehmen gewirtschaftet hat, unter der Prämisse, dass Steuern und Zinsen noch nicht bezahlt wurden. Je höher die Margenkennzahl, desto besser. Hierzu ein Beispiel: Person A hat einen Umsatz von 150 EUR. Von diesem Umsatz zieht Person A nun alle Kosten ab, die angefallen sind, um diesen Umsatz zu erzielen, zum Beispiel Miete und Herstellungskosten. Sagen wir, die Kosten lagen bei 130 EUR, somit hat Person A einen Gewinn von 20 EUR. Entsprechend beträgt nach obiger Formel die Marge 13,33 %. Ist das nun gut? Zum einen wird in der Börsenliteratur eine Marge von über 12 % immer als gut betrachtet, zum anderen muss man nun diese Zahl mit einem ähnlichen Unternehmen vergleichen.

Gesamtkapitalrendite (ROA)

Die Gesamtkapitalrendite, auf Englisch Return on Assets, wird berechnet, indem man den Gewinn und die Summe aller Vermögenswerte ins Verhältnis setzt. Die Gesamtkapitalrendite beschreibt, wie viel Gewinn mit dem Gesamtkapital der Firma erzielt werden kann. Somit ist der ROA eine indirekte Effizienzkennzahl. Die Gesamtkapitalrendite beschreibt, wie kapitalintensiv ein Unternehmen ist. Eine hohe Kennzahl sagt aus, dass es mit wenig Kapitaleinsatz große Gewinne erwirtschaften kann. Somit gilt also generell: Je höher der ROA, desto besser.

Diese Kennzahl ist sehr gut für Anleger geeignet, die ihr Vermögen langfristig anlegen möchten. Auch hier ein Beispiel, um die Kennzahl zu verstehen und zu erkennen, warum sie für langfristige Investments ausschlaggebend sein kann. Person A und Person B sind Imker und gewinnen ihren eigenen Honig. Beide haben einen Stand auf dem Markt, an dem sie Honig verkaufen. Person A gibt 1.500 EUR für einen gewöhnlichen Stand aus, während Person B 15.000 EUR für einen ausgefallenen Stand mit ausgestopften Bienen und Bären als Dekoration ausgibt. Um es nicht kompliziert zu machen, gehen wir davon aus, dass das auch die einzigen Werte sind, die für diese Unternehmung ausgegeben wurden.

Person A erwirtschaftet am Ende des Arbeitstages 150 EUR und Person B 1.200 EUR. Person A hat einen ROA von 150 EUR / 1.500 EUR = 10 %, während der ROA von Person B vereinfacht 1.200 EUR / 15.000 EUR = 8 % beträgt. Person A hat mit seinem Vermögensgegenstand, der nur 150 EUR gekostet hat, ein effizienteres Geschäft gemacht als Person B. Er wird jeden weiteren Tag mit seiner Ausstattung effizienter sein als Person B, somit ist er auf Dauer interessanter für einen langfristigen Anleger, da er anscheinend mit weniger Kapitaleinsatz doch 2 % mehr Geld als Person B verdient. Denn auch, wenn Person B 1.200 EUR eingenommen hat, rechtfertigt die Einnahme nicht den Kapitalaufwand. Sie sehen, der ROA allein sagt nicht viel aus, aber der Vergleich ist wertvoll für die Fundamentalanalyse.

Kapitalrendite (ROI)

Ganz eng mit dem ROA ist der ROI, der Return on Investment, verwandt. Im Deutschen sind beide Kennzahlen unter dem Begriff Kapitalrendite geläufig. Wie oben schon erfahren, gibt der ROA an, wie effizient ein Unternehmen mit seinen Vermögenswerten Einnahmen erzielt. Der ROI hingegen misst die Rentabilität in Bezug auf Investitionen, soll heißen, er gibt die Höhe des erwarteten Kapitalrückflusses aus Investitionen an. Im Wesentlichen bewertet der ROI somit die positiven Auswirkungen von Investitionen auf das Unternehmen während eines definierten Zeitraums, typischerweise eines Jahres. Anleger und Unternehmen selbst können den ROI verwenden, um besser beurteilen zu können, ob eine Investition gut oder schlecht ist.

Der ROI berechnet sich aus der Formel Umsatzrendite*Kapitalumschlag, wobei unter Umsatzrendite die Relation von Gewinn und Umsatz innerhalb einer Rechnungslegungsperiode verstanden wird. Aus ihr lässt sich ablesen, wie hoch der prozentuale Gewinn eines Unternehmens in Bezug auf einen bestimmten Umsatz ist. Der Kapitalumschlag gibt das Verhältnis von eingesetztem Gesamtkapital oder Eigenkapital zum Umsatz an.

Das bedeutet, man kann daraus ablesen, wie viel Umsatz mit Kapital in einem bestimmten Zeitraum erzielt wurde. Für die Berechnung des ROI wird immer das Gesamtkapital (Eigenkapital + Fremdkapital) eines Unternehmens herangezogen. Um den ROI besser zu verstehen, wird auch hier ein Beispiel verwendet: Unternehmen A tätigt eine Investition in den Bereich Marketing von 50.000 EUR. Ziel soll es sein, durch eine breit aufgestellte Marketing-Kampagne neue Kunden zu gewinnen. Am Ende der Kampagne hat das Unternehmen tatsächlich 60.000 EUR Umsatz aus dieser Aktion erzielt. Somit liegt der Reingewinn bei 10.000 EUR. Wenn die Zahlen nun in die Formel eingesetzt werden, so erhalten wir einen ROI von 20 % (10.000/60.000*100) * (60.000/50.000).

Was sagt diese Zahl nun aus? Sie bedeutet, dass mit jedem investierten Euro 20 Cent Gewinn gemacht wurde. Demnach wurde aus 1 EUR 1,20 EUR Umsatz gemacht. Anleger sollten negative ROIs vermeiden, da diese einen Nettoverlust implizieren. Somit gilt gleichzeitig: Je höher der ROI eines Unternehmens ist, desto besser! Wie bei den anderen Kennzahlen gilt auch hier, dass der Vergleich die beste Interpretationsmöglichkeit bietet. Betrachten Sie hierzu nur Unternehmen des gleichen Sektors mit ähnlicher Kapitalausstattung.

Eigenkapitalrendite (ROE)

Die Eigenkapitalrendite (ROE) kann Anlegern helfen, zwischen gewinnbringenden und nicht gewinnbringenden Unternehmen zu unterscheiden. Der ROE hilft somit Investoren bei der Feststellung, ob ein Unternehmen gewinnbringend oder lediglich ein ineffizienter Betrieb ist. Die Gewinn- und-Verlustrechnung ist genauso wie die Bilanz öffentlich zugänglich und in der Regel auf der Homepage jedes Unternehmens zu finden, das laut

Gesetz seine Bücher veröffentlichen muss. Schauen Sie am besten unter dem Reiter Investor Relations. Dort finden Sie alle Zahlen für die Berechnung des ROE. Die Formel für die Berechnung lautet: Gewinn/Eigenkapital. Analysten sind sich einig, dass ein ROE von ca. 15 % sehr akzeptabel und ein guter Indikator für eine gute Rendite ist. Diese Kennzahl sagt aus, ob ein Unternehmen sein gewonnenes Kapital effizient einsetzt und daher in Zukunft wachsen kann.

Anders ausgedrückt: Die Ersparnisse werden nicht angerührt, um den Betrieb aufrechtzuerhalten. Hierzu ein Beispiel: Unternehmen A und Unternehmen B erwirtschaften in einem Geschäftsjahr 10.000 EUR Gewinn. Beide wollen expandieren. Um ein neues Unternehmen AA zu eröffnen, benötigt Unternehmen A 20.000 EUR und Unternehmen B benötigt 100.000 EUR, welche den Ersparnissen, sprich dem Eigenkapital, entnommen werden muss. Nach der ROE-Formel ist somit eine Investition in Unternehmen A viel gewinnbringender, da es besser wirtschaftet und sein Kapital effizienter einsetzt (natürlich immer unter der Voraussetzung, dass beide Unternehmen miteinander vergleichbar sind). Unternehmen A hat eine deutlich höhere Eigenkapitalrendite, und zwar in diesem Beispiel von 50 %, Unternehmen B hat im Gegensatz dazu eine Eigenkapitalrendite von 10 %.

Wie bei allen Kennzahlen ist auch der ROE nicht der heilige Gral. Denn immer dann, wenn der Wert des Eigenkapitals, also der Nenner in der obigen Formel, sinkt, wird die Kennzahl größer. Nehmen wir aber nun an, dass das Unternehmen unregelmäßig Abschreibungen vornehmen muss, zum Beispiel von Maschinen. In dem Jahr, in dem dann eine große Abschreibung vorgenommen wird, wird diese mit dem Ertrag verrechnet und der Zähler der Formel wird kleiner. In diesem Jahr ist die Kennzahl verfälscht durch die große Abschreibung, es scheint dann so, dass der ROE dann in den Folgejahren massiv ansteigen würde, obwohl sich an der eigentlichen Geschäftstätigkeit nicht viel geändert hat. Das Gleiche gilt auch für Gewinnausschüttungen. Sie verfälschen das Bild des ROE. Da das ein wenig komplex ist, hier ein Beispiel dazu: Sagen wir, Betrieb A hat 500 EUR Schulden und 500 EUR Eigenkapital, Betrieb B hat 200 EUR Schulden und 800 EUR Eigenkapital. Der Return on Equity beträgt bei A 24 % und bei B nur 15 %. Obwohl A mehr Schulden hat, ist hier der ROE höher. Deswegen kann der ROE allein betrachtet Fehlinformationen liefern, vielmehr ist es sinnvoll, ihn im Zusammenhang mit einer weiteren Kennzahl zu betrachten.

Kurs-Gewinn-Verhältnis (KGV, englisch P/E-Price-Earnings Ratio)

Das Kurs-Gewinn-Verhältnis wurde erstmals von Benjamin Graham beschrieben. Benjamin Graham war ein Wirtschaftswissenschaftler, der bis heute viele Anleger in ihren Investmententscheidungen beeinflusst. Sein berühmtes Buch *Intelligent Investieren* ist ein Klassiker unter den Value-Investment-Lehrbüchern. Warren Buffet, der milliardenschwere Investor und CEO von Berkshire Hathaway, sagte, dass das Buch eines der besten Bücher, wenn nicht sogar das beste Buch ist, was jemals geschrieben wurde. Das Buch ist ein wenig komplex, doch für die damalige Zeit wichtig und wegweisend. Viele Dinge aus dem Buch, die heute natürlich selbstverständlich erscheinen, waren es damals noch nicht.

Es würde zu weit führen, hier den Inhalt des Buches wiederzugeben, dennoch sind es im Wesentlichen 3 Schlüsselfaktoren, die entscheidend sind in Grahams Buch: Zum einen predigt er eine Fehlertoleranz bei der Bewertung von Unternehmen. Wenn Sie am Ende Ihrer Berechnungen zu dem Schluss kommen, dass das Unternehmen einen fairen Wert von 100 hat, so sollten Sie dennoch erst bei 70 kaufen. Zum anderen sagt Graham, dass Emotionen keinen Platz an der Börse haben. Panikverkäufe, wenn der Preis nach unten schnellt, bringen nur Verluste.

Der dritte Faktor, den Graham lehrt, ist der, dass Risiko und Rendite nicht immer korrelieren. Dieser Faktor ist streng im Kontext seiner Zeit zu sehen, aber dennoch aktuell. Insbesondere in der heutigen Zeit, in der Startups und neue kleine Zweimann-Unternehmen ganze Branchen revolutionieren, geht man oft ein enormes Risiko ein und erwirtschaftet entweder einen enormen Gewinn oder eben den größten Verlust. Im Folgenden soll nun die berühmte Formel der Berechnung des KGV vorgestellt werden. Es sei hier zudem erwähnt, dass der KGV bei vielen Online-Brokern standardmäßig abrufbar ist und angeboten wird. Generell ist der KGV eine der einfachsten und grundsätzlichsten Kennzahlen, die man in der Aktienanalyse verwenden kann. Gerade für Anfänger kann diese Kennzahl intuitiv verständlich sein. Die Berechnungsformel verknüpft den Preis einer Aktie und den aktuellen Gewinn dieser Aktie. Nehmen wir an, der Preis einer Aktie beträgt 10 EUR und der Gewinn dieser Aktie beträgt pro Jahr 2 EUR, somit ergibt sich ein KGV von 5. Sie können den Gewinn pro Aktie auf einschlägigen Internetseiten wie finanzen.net unter Kennzahlen finden. Gleichzeitig finden Sie aber auch schon den berechneten KGV. Zurück zu unserem Beispiel: ein KGV von 5. Aber was sagt das aus? Die Zahl 5 sagt aus, dass es 5 Jahre dauert, bis sich die Anfangsinvestition von 10 EUR amortisiert hat, sprich, bis man die 10 EUR wieder in seine Tasche geholt hat. In anderen Worten sagt der KGV aus, wie viele Jahre man benötigt, um sein eingesetztes Kapital wieder zu erwirtschaften. Wenn wir nun den Kehrwert des KGVs betrachten, hier 1/5, dann bekommen wir als Ergebnis 0,2, also 20 %, und das entspricht der erwarteten Rendite.

Den KGV benutzt man am besten zum Vergleich von Unternehmen innerhalb einer Branche. Wenn die Mercedes-Aktie einen KGV von 10 hat und die BMW-Aktie einen KGV von 15, so sehen Sie auf den ersten Blick, dass BMW teurer ist, das heißt, auf aktuellem Gewinnniveau erwarten die Anleger, dass sie 15 Jahre benötigen, um ihr Geld zurückzugewinnen. Wenn man aber nur lediglich diese Zahl betrachtet, so müssten ja alle Anleger rein rational nur Mercedes-Aktien kaufen, was wiederum zu einem Kursanstieg der Mercedes-Aktie führen würde.

So einfach ist der Markt aber nicht, denn ein niedriges KGV impliziert, dass auch die Gewinne in Zukunft niedriger sind, wobei bei einem höheren KGV der Markt davon ausgeht, dass das Unternehmen in der Zukunft eventuell mehr Gewinn erwirtschaftet und sich somit eine Balance im Markt einstellt. Es lässt sich also sagen, dass der KGV nicht eine Kennzahl dafür ist, ob ein Unternehmen gerade in diesem Moment günstig ist, sondern eher eine Kennzahl dafür, ob Anleger ein Wachstum des Unternehmens erwarten. Denn je höher der KGV, desto mehr Wachstum muss von den Anlegern erwartet werden, um ihre Rendite zu erzielen. Auf der anderen Seite können Anleger eine geringere Rendite in Kauf nehmen, haben dafür aber eine größere Sicherheit. Besonders Anfänger können nach Unternehmen suchen, die ein kleines KGV haben, von denen sie aber überzeugt sind, dass sie in Zukunft Gewinnzuwachs bringen. Das sind gute Anlagemöglichkeiten.

Chartanalyse

Neben der Fundamentalanalyse kann die technische Analyse helfen, Wertpapiere mit Potenzial auf Kursgewinne zu finden. Die technische Analyse ist eine Art Prognosetechnik, um zukünftige finanzielle Preisbewegungen basierend auf der Untersuchung vergangener Preisbewegungen zu antizipieren. Sie kann Anlegern helfen, herauszufinden, wie sich der Preis eines Wertpapiers in der nahen und mittleren Zukunft verhalten wird. Die technische Analyse ist auf Aktien, Indizes, Rohstoffe, Futures oder alle anderen handelbaren Wertpapiere anwendbar, bei denen der Preis durch Angebot und Nachfrage beeinflusst wird.

Die Preisdaten, die bei einer technischen Analyse betrachtet werden können, beziehen sich auf jede einzelne mögliche Kombination aus Preisen. Das soll heißen: Es ist möglich, Eröffnungs-, Höchst-, Tiefst- und Schlusspreise in die Analyse zu inkludieren. Dabei kann auch der Zeitrahmen der Preisbetrachtung individuell eingestellt werden. So können Sie Bewegungen während des Tages auf Minuten genau betrachten, Sie können aber auch die Preisbewegungen über Monate, Wochen oder Jahre einstellen. Mit anderen Worten: Die technische Analyse ermöglicht die Beobachtung des Preises über einen von Ihnen gewählten Zeitraum. Noch einmal, da es so wichtig ist, sei erwähnt, dass die technische Analyse auf Wertpapiere anwendbar ist, bei denen der Preis nur durch die Kräfte von Angebot und Nachfrage beeinflusst wird. Die technische Analyse funktioniert nicht, wenn andere Kräfte den Preis des Wertpapiers beeinflussen können. Um gute und nicht verfälschte Ergebnisse zu liefern, macht die technische Anayse drei wichtige Annahmen über die zu analysierenden Wertpapiere.

Hohes Handelsvolumen: Das Handelsvolumen sollte groß sein, denn das heißt im Umkehrschluss, dass eine bestimmte Liquidität auf dem Markt vorherrscht. Unbekannte Aktien sind schwieriger zu handeln, da nur eine kleine Handvoll Menschen diese Aktien kennt und somit womöglich kein Abnehmer zur Stelle ist, wenn Sie verkaufen wollen. Die Liquidität auf solch einem Markt ist nicht gegeben. Darüber hinaus sind Aktien mit geringem Volumen oft sehr niedrig bewertet, was bedeutet, dass ihre Kurse von einzelnen Anlegern leichter manipuliert werden können. Diese äußeren Kräfte, die auf geringe Volumina einwirken, machen sie für die technische Analyse ungeeignet.

Keine künstlichen Preisänderungen: Aktiensplits, Dividenden und Ausschüttungen sind die häufigsten Gründe für künstliche Preisänderungen. Obwohl der Wert der Investition gleichgeblieben ist, können künstliche Preisänderungen ein Preisdiagramm dramatisch beeinflussen und die Anwendung der technischen Analyse erschweren. Um einer Verzerrung des Bildes entgegenzuwirken, empfiehlt es sich hier dann, auf historische Daten zurückzugreifen.

Keine extremen oder außergewöhnlichen Nachrichten: Die technische Analyse kann keine extremen Ereignisse vorhersagen, einschließlich geschäftlicher Ereignisse wie der unerwartete Tod des CEO eines Unternehmens, politische Ereignisse wie ein Terroranschlag oder eine weltweite Pandemie. Wenn die Kräfte von „extremen Nachrichten“ den Preis beeinflussen, müssen Sie geduldig warten, bis sich der Chart beruhigt und die neue Normalität widerspiegelt, die sich aus solchen Nachrichten ergibt. Für nicht verfälschte Ergebnisse ist es sehr hilfreich, dass diese drei Anforderungen erfüllt sind.

Anleger, die ausschließlich die technische Methode benutzen, um das Potenzial von Rendite in Wertpapieren zu erkennen, vertreten die Meinung, dass der aktuelle Preis alle Informationen vollständig widerspiegelt. Schließlich spiegelt der Marktpreis das Gesamtwissen aller Teilnehmer wider, darunter Händler, Investoren, Portfoliomanager, Analysten, Marktstrategen, technische Analysten, Fundamentalanalysten und viele andere. Es liegt somit nahe, diesen Experten zu vertrauen und sich lediglich auf die Entwicklung des Preises zu verlassen. Die Verfechter der technischen Analyse sind sich einig, dass der Preis einem gewissen Trend folgt. Würde er das nicht tun und wäre der Preis eine rein zufällige Zahl, wäre die technische Analyse ja auch nichts wert. Stattdessen sagen sie, dass es möglich ist, einen Trend zu identifizieren, basierend auf dem Trend zu investieren und zu handeln und im Verlauf des Trends Geld zu verdienen. Da die technische Analyse auf viele verschiedene Zeiträume angewendet werden kann, ist es möglich, sowohl kurzfristige als auch langfristige Trends zu erkennen. Hierin liegt auch der deutliche Unterschied zwischen Fundamental- und technischer Analyse.

Während sich die Fundamentalisten dafür interessieren, warum der Preis so ist, wie er ist, ist für Techniker diese Fragestellung egal. Vielmehr nehmen sie den Preis als gegeben hin und stellen sich Fragen wie: Warum ist der Preis gestiegen? Warum ist er gesunken und wann ungefähr wird er wieder steigen? Der Vorteil der technischen Chartanalyse liegt klar auf der Hand, sie ist vielseitig für die verschiedensten Branchen und die verschiedensten Wertpapiere zu nutzen. Es spielt keine Rolle, ob Sie sich eine Aktie, einen Marktindex oder einen Rohstoff ansehen. Die technischen Prinzipien von Unterstützung, Widerstand, Trend, Handelsspanne und anderen Aspekten können auf jeden Chart angewendet werden. Im Bonusteil gibt es eine Schritt-für-Schritt-Anleitung, wie Sie Chartdiagramme abrufen können und wie Sie Aufwärtstrends erkennen können. Grundlegende Begriffe der Chartanalyse sind im Folgenden erklärt.

Gesamttrend: Der erste Schritt besteht darin, den Gesamttrend zu identifizieren. Dies kann mit Trendlinien und gleitenden Durchschnitten erreicht werden. Für einen gleitenden 20-Tage-Durchschnitt werden die letzten 20 Tage addiert und durch 20 geteilt. Zum Beispiel ist der Trend aufwärts, solange der Preis über seiner aufwärts geneigten Trendlinie oder einem bestimmten gleitenden Durchschnitt bleibt. Ebenso ist der Trend nach oben gerichtet, solange sich nach jedem Tief ein umso höheres Hoch bildet.

Unterstützung: Durch Verbinden der früheren Tiefststände unter dem aktuellen Preis kann man das Unterstützungsniveau markieren. Falls es zu einem Preisverfall unter diese Unterstützungslinie kommen sollte, so gilt das als kein gutes Zeichen. Es deutet darauf hin, dass der Bullenmarkt zurückgeht zu einem Bärenmarkt. Man bezeichnet einen Markt als Bullenmarkt, wenn die Anlagepreise über längere Zeiträume steigen und somit auch das Vertrauen, das die Anleger in den Markt haben. Angetrieben von den florierenden Volkswirtschaften und der niedrigen Arbeitslosigkeit, die normalerweise mit Bullenmärkten einhergehen, sind Anleger bestrebt, Wertpapiere zu kaufen oder zu halten, um so einen Käufermarkt zu schaffen.

Während Bullenmärkte von Optimismus angetrieben werden, sind Bärenmärkte genau das Gegenteil. Hier können die Aktienkurse über einen längeren Zeitraum um 20 % oder mehr fallen. Bullen werden im Allgemeinen von der Wirtschaftskraft angetrieben, während Bärenmärkte oft in Zeiten wirtschaftlicher Abschwächung und höherer Arbeitslosigkeit auftreten. Anstatt sich in den Markt einzukaufen, wollen Anleger verkaufen. Sie legen mehr Wert auf Sicherheit in Form von Bargeld oder festverzinslichen Wertpapieren. Das Ergebnis ist ein Verkäufermarkt. Bärenmärkte können einige Wochen bis hin zu mehreren Jahren andauern. Der erste und bekannteste Bärenmarkt war die Große Depression. Die Dotcom-Blase im Jahr 2000 und die Immobilienkrise 2007/2008 sind weitere Beispiele.

Widerstand: Durch Verbinden der früheren Höchststände über dem aktuellen Preis kann man das Widerstandsniveau markieren. Ein Durchbruch über den Widerstand wird als „bullisch“ und positiv für den Gesamttrend angesehen.

Kauf- und Verkaufsdruck: Falls bei Aktien und Indizes die Volumenzahlen verfügbar sind, kann ein Indikator verwendet werden, um den Kauf- oder Verkaufsdruck zu messen. Dieser Indikator ist der von Marc Chaikin entwickelte Chaikin-Money-Flow. Er ist ein volumengewichteter Durchschnitt des Kaufs und Verkaufs von Wertpapieren über einen bestimmten Zeitraum. Die Standardperiode beträgt 21 Tage. Das Prinzip hinter dem Chaikin-Money-Flow ist: Je näher der Schlusskurs dem Hoch ist, desto mehr Kauf hat stattgefunden. Umgekehrt gilt: Je näher der Schlusskurs am Tief liegt, desto mehr Verkauf hat stattgefunden. Wenn die Kursbewegung bei steigendem Volumen durchweg über dem Mittelpunkt des Balkens schließt, ist der Geldfluss von Chaikin positiv. Umgekehrt, wenn die Kursbewegung bei steigendem Volumen konstant unter dem Mittelpunkt des Balkens schließt, wird der Chaikin-Money-Flow ein negativer Wert sein. Wenn der Chaikin-Indikator über null ist, gibt es Kaufdruck, was ein gutes Zeichen ist. Umgekehrt, wenn der Chaikin-Indikator unter null liegt, bedeutet es, dass die Anleger lieber abverkaufen wollen. Falls Sie eine Tradingsoftware besitzen, die diese Anwendung anbietet, machen Sie Gebrauch davon.

Relative Stärke: Dieser Indikator konzentriert sich auf die Anlage in Aktien oder andere Wertpapiere, die sich im Vergleich zum Gesamtmarkt oder zu einer relevanten Benchmark gut entwickelt haben. Ein Anleger, der mit dem Indikator der relativen Stärke arbeitet, könnte beispielsweise Technologieunternehmen auswählen, die den DAX übertroffen haben. Mit anderen Worten: In jeder guten Tradingsoftware kann man den RSI auswählen, er zeigt an, wie gut (relativ) die Aktie im Gegensatz zu einem bestimmten Bündel anderer Aktien insgesamt ist.

Mithilfe dieser Indikatoren, die Sie auf Ihrem Chart einstellen können, können sich nun verschiedene Muster bilden. Es ist wichtig, die Muster richtig zu interpretieren, um einen günstigen Einstiegs- oder Ausstiegszeitraum zu identifizieren und auch, um zu erkennen, ob sich die Aktie gerade im Abwärtstrend befindet oder ob der Markt generell ein Bärenmarkt ist. Dabei verwenden die meisten Trader als Grundlage ein sogenanntes Candlestickchart. Es gibt viele Chartmuster, die benutzt werden können für die obigen technischen Kennzahlen, jedoch hat sich das Candlestickchart als das verständlichste weltweit durchgesetzt.

Der englische Begriff Candle bedeutet zu Deutsch Kerze. Einfach ausgedrückt ist ein Candlestickchart somit ein Chart, der aus einzelnen Kerzen besteht und den Anleger verwenden, um Preisbewegungen zu verstehen. Die ausschlaggebenden Linien auf dem Chart sehen wie Kerzen aus. Der breiteste Teil der Candlestick-Linie ist der Körper. Er stellt den Preis zwischen Markteröffnung und Marktschließung dar. Wenn der Schlusskurs niedriger als der Eröffnungskurs ist, ist der Körper rot. Der Körper ist grün, wenn der Schlusskurs höher als der Eröffnungskurs ist. Die Farben können je nach verwendeter Website oder Tradingsoftware variieren. Die dünnen Linien über und unter dem Körper werden Kerzendochte genannt. Die Spitze des oberen Dochtes ist das Hoch der Sitzung und die Spitze des unteren Dochtes ist das Tief des Preises des jeweiligen Betrachtungszeitraums.

Das heißt, wenn Sie ein Candlestickchart betrachten, das auf Tage eingestellt ist, sehen Sie Hoch und Tiefs des Preises an einer Candle. Der Körper der Kerze kann verschiedene Längen haben, hieran erkennen Sie, ob Sie sich gerade in einem Bullen- oder in einem Bärenmarkt befinden. Eine lange und grüne Kerze ist bullish, umgekehrt ist eine lange rote Kerze als bearish zu betrachten. Kurze Kerzen, wechselnd in der Farbe, zeigen an, dass Bullen und Bären gleich stark sind und ein eventuelles Aufwärtsmomentum in Gefahr ist. Ein langer Docht oberhalb der Kerze zeigt, dass der Markt höhere Preise abgelehnt hat, während ein langer unterer Docht einen Markt darstellt, der niedrigere Preise getestet und abgelehnt hat.

Die Kerzen, die Farbe und die Länge der Kerzen in Addition mit den oben vorgestellten Indikatoren, die in jedem Chart eingestellt werden können, liefern für eine gewisse Aktie ein gewisses Muster. Die Muster können verschiedene Formen einnehmen. Die Interpretation erfordert Erfahrung und Weiterbildung. Es gibt zahlreiche Kurse und Bücher, die Musterinterpretationen lehren. Hier an dieser Stelle empfiehlt es sich, eine Zusatzlektüre zu den einzelnen Mustern zu besorgen.

Wie jede Analyse ist auch die technische Analyse nicht der Heilige Gral. Es ist eine Methode, um die Zukunft, auf Basis der Vergangenheit, einigermaßen gut einschätzen zu können. So können zwei Menschen, die ein und dasselbe Chart betrachten, zu unterschiedlichen Meinungen kommen.

Eine Kombination aus Fundamentalanalyse und technischer Analyse kann jedoch sehr gute Indizien liefern, die auf einen Aufwärtstrend hinweisen und somit den Weg für Kursgewinne öffnen.

Dritter Teil: Handelsstrategien und Risikokontrolle

HANDELSSTRATEGIEN

Langzeitinvestments vs. Daytrading

Im zweiten Teil dieses Buches haben Sie nun viel über Wertpapiere und ihre Kennzahlen erfahren. Sie wissen, was der Unterschied zwischen einer Fundamentalanalyse und einer technischen Analyse ist. Der dritte Teil ist nun den verschiedenen Handelsstrategien und dem Risikomanagement gewidmet. Ob Sie lieber Ihr Geld in Langzeitinvestments deponieren oder ob Sie unter der Woche oder gar täglich Kursgewinne realisieren möchten, ist Ihnen überlassen. Beide Ansätze erfordern ein grundlegendes Verständnis für die Börse und ihre Wertpapiere. Während der Pandemie ist das Interesse am Daytrading, besonders auch unter den jungen Menschen, gestiegen.

Das liegt daran, dass durch Lockdowns mehr Zeit vorhanden ist. Zudem bieten Online-Broker wie Trade Republic oder eToro durch niedrige Gebühren für Transaktionen günstige Möglichkeiten. Als im März 2020 klar wurde, dass das COVID19-Virus mehr als nur ein vorübergehender, harmloser Virus ist, stürzte der Markt komplett ein. Die Kurse der Aktien rauschten in den Keller. Einige Menschen nahmen diese Gelegenheit als Chance wahr und kauften Aktien im Ausverkauf. Der Markt erholte sich tatsächlich schnell wieder und Kursgewinne waren garantiert. Besonders Unternehmen, die auf E-Commerce spezialisiert sind, verdienten während dieser Phase am meisten – genauso wie ihre Anleger von Kursgewinnen profitierten. Viele Menschen, darunter besonders jüngere, wurden zu Daytradern.

Finanzexperten warnen nicht ohne Grund vor den Gefahren des Daytradings. Sie argumentieren damit, dass nur ein kleiner Kreis der Daytrader nach Abzug der Gebühren auch wirklich profitiert. Sie haben nicht unrecht.

Um ein erfolgreicher Daytrader zu sein, muss man sehr diszipliniert sein und einen gewissen Lebensstil hegen. Der Reiz des Daytradings besteht darin, dass es sich anhört wie eine einfache Möglichkeit, mit wenig Aufwand viel Geld zu verdienen. Es hört sich so an, als ob man sich nur die richtige Aktie auswählen müsste und dann vor dem Bildschirm darauf warten müsste, dass sie steigt, um sie dann rasch wieder zu verkaufen. Das spiegelt die Realität aber nicht wider. Betrachten Sie nur einmal die Alphabet-Aktie (Google). Google ist ein enorm wichtiges und starkes Unternehmen, das über die Jahre stetig gewachsen ist. Aber wenn Sie sich das Diagramm ansehen, werden Sie verschiedene Höhen und Tiefen bemerken, die im Vergleich zum Gesamtwachstum winzig sind. Ziel jedes Daytraders ist es, diese Schwingungen im Preis zu erkennen und blitzschnell zu handeln, entweder mit einer Longposition oder mit einer Shortposition.

Dabei ist die Zeit der kritische Faktor, denn Preisschwankungen können nur Sekunden dauern und auch sehr klein sein. Eine Preisschwankung von Cents oder wenigen Euro, auf die Daytrader spekulieren, kann den Unterschied machen. Wenn sie richtig geschätzt haben und das Diagramm richtig ausgewertet haben, so können Daytrader innerhalb von Minuten ihr gesamtes Tagesziel erreichen und sich den Rest des Tages freinehmen.

Zu lernen, solche Dinge vorherzusagen, erfordert Arbeit und Erfahrung. Darüber hinaus erfordert das Daytrading, dass Trades im perfekten Moment ausgeführt werden. Das kann eben nur der Fall sein, wenn Sie aktiv und fokussiert vor Ihrem Tradingprogramm sitzen. Sie können nicht einen Trade um 9 Uhr morgens starten und dann gegen Mittag wieder schauen, ob er schon Gewinn gebracht hat, denn dieser eine Trade hatte eventuell seinen Tageshochkurs um 9:10 Uhr. Daytrading ist nicht nur ein Hobby, es ist ein echter Vollzeitberuf, wenn Sie echtes Geld verdienen möchten. Und selbst dann besteht eine gute Chance, dass Sie sich jeden Tag auch auf Verluste einlassen müssen. Im Grunde wird beim Daytrading ein Finanzinstrument Ihrer Wahl innerhalb eines Tages gekauft und auch wieder verkauft, wobei ein und dasselbe Instrument mehrmals am gleichen Tag gekauft und wieder verkauft werden kann. Um gut genug für einen Handelstag ausgerüstet zu sein, benötigen Sie ein gutes Tradingprogramm, welches Sie in Ihrem Vorhaben unterstützt. Dazu gehört auch eine stabile und schnelle Internetverbindung.

Zudem ist es wichtig, dass man früh aufsteht, also noch bevor der Markt öffnet, und sich über alle relevanten Geschehnisse informiert. Das sind Politik, Wirtschaft und natürlich auch allgemein sozialkritische Themen, die die Aktien beeinflussen können. Wenn Sie also aufwachen und die Überschrift in jeder Zeitung ist, dass die Anzahl der Neuinfektionen rasant steigt, wissen Sie, dass der Markt gereizt auf diese Nachricht reagieren könnte. Denn Corona bedeutet Unsicherheit und der Markt mag keine Unsicherheiten.

Auch andere Zahlen, die gemeldet werden, sind von großer Wichtigkeit, das sind zum Beispiel Arbeitslosenzahlen oder Zinsraten der Zentralbanken usw. Besonders gut sind immer Neuigkeiten über Fusionen oder Übernahmegerüchte. Lesen Sie die einschlägigen Nachrichten genau und folgen Sie auch auf den sozialen Netzwerken Nachrichtenagenturen und gegebenenfalls professionellen Händlern. Wenn dann die Börsen öffnen, haben Sie schon ein besseres Gefühl für die generelle Marktlage.

Viele Trader unterschätzen auch die wichtige Regel, dass Emotionen und Börse nicht zusammenpassen. Bereiten Sie sich mental auch auf Turbulenzen vor und reagieren Sie nicht aus Panik heraus, falls etwas eintritt, was negativ ist. Zudem wird der Faktor Glück viel zu sehr unterschätzt. Der große Ökonom und Mathematiker Nassim Taleb, der mit seinem Buch Antifragilität berühmt wurde, schreibt dem Glück eine große Rolle zu.

Taleb selber verdiente Millionen an der Börse und er ist ehrlich genug, zu sagen, dass er das nicht seinem Wissen oder gar nur der Mathematik zu verdanken hat, sondern auch seinem Glück. Denn an der Börse wirklich viel Geld zu verdienen ist so, wie im Casino alles auf Schwarz oder Rot zu setzten und dann darauf zu wetten. Damit soll an dieser Stelle gesagt sein, dass

Träumerei erlaubt ist, aber der Realitätssinn beim Daytrading unbedingt gewahrt sein muss. Es geht hier darum, kleinere Beträge aus Kursgewinnen zu realisieren, um sich entweder einen guten Nebenverdienst zu sichern oder dann, wenn man genug Erfahrung hat, sein Leben so zu finanzieren. Bestimmen Sie, wie viel Kapital Sie bei jedem Trade riskieren möchten.

Wenn Sie ein Handelskonto von 40.000 EUR haben und bereit sind, 0,5 % Ihres Kapitals bei jedem Trade zu riskieren, beträgt Ihr maximaler Verlust pro Trade 200 EUR (0,5 % x 40.000). Setzen Sie sich diese Schwelle und seien Sie nicht traurig oder wütend darüber, wenn es zum Verlust kommt. Die Chance, dass es zu einem Verlust kommt, liegt bei 50 %. Dementsprechend liegt die Chance, einen Gewinn zu machen, ebenfalls bei 50 %. Falls Sie also Daytrading betreiben wollen, sehen Sie Ihren Tag als richtigen Arbeitstag. Fangen Sie früh an, um die Nachrichten zu checken, und beenden Sie den Tag, sobald Sie Ihr Ziel erreicht haben.

Es ist auch wichtig, sich zwischendurch nicht ablenken zu lassen, denn wie oben schon betont, ist Schnelligkeit ein kritischer Faktor, der über Gewinn und Verlust ausschlaggebend ist. Anfängern wird empfohlen, sich während einer Sitzung auf maximal ein bis zwei Aktien zu konzentrieren, um nicht direkt zu überfordert zu sein. Zudem sind volatile Aktien gut. Facebook ist zum Beispiel eine Aktie, die auch noch einigermaßen erschwinglich ist. Ein hohes Volumen ist auch ausschlaggebend, somit sollten Sie, falls Sie Daytrading betreiben wollen, nicht unbedingt auf Pennystocks zurückgreifen.

Wie oben schon gelesen, gibt es oftmals gar nicht genug Abnehmer für sie. Sobald Sie erfahrener sind, werden Sie Muster erkennen. Viele Orders werden über Nacht platziert oder nach Börsenschluss, sodass die Ausführung dieser Orders direkt am Morgen, wenn die Märkte öffnen, stattfindet. Dies trägt morgens zu einer großen Preisvolatilität bei. Ein erfahrener Händler ist möglicherweise in der Lage, Muster zu erkennen und entsprechend Gewinne zu erzielen. Für Anfänger kann es jedoch besser sein, den Markt in den ersten 15 bis 20 Minuten einfach zu beobachten, um ein Gefühl für die Marktlage zu bekommen und die Volatilität abebben zu lassen. Die mittleren Stunden sind normalerweise weniger volatil und dann gegen Börsenende nimmt die Volatilität wieder zu. Obwohl die Stoßzeiten gute Möglichkeiten bieten, ist es für Anfänger sicherer, sie zunächst zu vermeiden.

Sie haben selbstverständlich die Möglichkeit, neben dem Daytrading auch noch Langzeitinvestments zu halten. Generell versteht man unter Langzeit eine Zeitspanne von einem Jahr oder länger. Da viele Online-Broker heutzutage Online-Depots kostenlos zur Verfügung stellen, empfiehlt es sich, zwei oder drei Depots zu eröffnen. In einem können Sie Wertpapiere aufbewahren, die Sie für den täglichen Handel verwenden möchten, im zweiten möglicherweise mittelfristige Investments und im dritten Depot sollten die Wertpapiere liegen, die Sie über ein Jahr halten möchten. Ein langfristiger Investor zu sein bedeutet, dass Sie bereit sind, ein gewisses Risiko einzugehen, um potenziell höhere Gewinne zu erzielen. Langzeitinvestments erfordern Geduld und Ausdauer. Zudem ist es selbsterklärend, dass hier nur Kapital gebunden werden sollte, auf das Sie auch über die Zeitspanne des Investments verzichten können. Besonders gut geeignet für langfristige Investitionen sind Wertpapiere, Anleihen und natürlich ETFs in allen Formen. Wenn die Preise in Ihrem Langzeit-Depot heruntergehen, so können Sie selbstverständlich immer recherchieren, woran das liegen mag. Jedoch sind das bei Qualitätsunternehmen wie Bayer oder Adidas sicherlich nur normale Kursschwankungen, denn es ist sehr unwahrscheinlich, dass diese Unternehmen im kommenden Jahr bankrottgehen.

Welche Handelsstrategie Sie bevorzugen, hängt von Ihrer Zeit und Ihrer Kapazität ab. Beide haben Vor- und Nachteile und beide können auch parallel existieren. Am wichtigsten ist es immer, egal, welche Handelsstrategie Sie wählen, ruhig zu bleiben und sich emotional nicht zu überlasten. Börse ist wie Casino, wer die Mathematik und die Wirkungsweise versteht, wird auch Gewinne machen. Aber wie im Casino wird auch immer die Bank gewinnen müssen, damit das Spiel weitergespielt werden kann.

RISIKOMANAGEMENT

Sie werden es beim Trading niemals vermeiden können, monetäre Risiken einzugehen. Dennoch gibt es natürlich Tipps und Handlungsmöglichkeiten, wie Sie Ihr Risiko reduzieren können, um möglichst wenig Kursverluste zu erleiden. Es ist immer von Vorteil, einen Broker zu haben, sei es ein klassischer Online-Broker oder ein Broker Ihrer Bank, der die Werkzeuge und vor allem die Palette an Wertpapieren anbietet, die Sie handeln möchten. Es gibt spezielle Broker wie Trade Republic, die keine Kommissionen auf Transaktionen erheben und somit sehr gut für Daytrading geeignet sind. Vergleichen Sie alle Broker-Angebote im Internet miteinander und entscheiden Sie sich für den, der alles anbietet, was Sie brauchen. Danach fängt man damit an, für sich selbst zu bestimmen, wie hoch der Verlust pro Trade, also für eine Handelsposition, sein darf.

Sagen wir, Sie investieren 1000 EUR in Microsoft-Aktien, nachdem Sie Ihre Fundamental- und technische Analyse abgeschlossen haben. Bestimmen Sie für sich selbst, dass es in Ordnung ist, beispielsweise 0,2 % des Kapitals gegebenenfalls zu verlieren. Handeln Sie niemals mit geliehenem Geld, das würde den Stressfaktor noch mehr ankurbeln. Es ist ratsam, nur das Geld zu investieren, das Ihnen auch gehört und derzeit nicht anderweitig verwendet werden muss. Denken Sie zudem daran, dass alle offenen Trades immer ein Risiko tragen. Das bedeutet, wenn Sie Langzeit-Investments in Ihrem Portfolio haben, bleiben diese Positionen natürlich über Nacht offen. Das kann für den Handel mit eutschen Aktien wenig Risiko haben, denn die Börsen sind ja in der Regel dann auch geschlossen.

Aber wenn Sie mit Währungen oder Kryptowährungen handeln, so sind die Märkte 24 Stunden geöffnet. Auch eng miteinander korrelierte Handelsmärkte können Ihr Portfolio risikoreicher machen. Es wird dringend empfohlen, das Portfolio zu diversifizieren. Wenn 80 % Ihrer Investments in US-Aktien fließen und zudem dort in einen ähnlichen Sektor, wie zum Beispiel Technik, so ist das Risiko in diesem Portfolio größer als in einem, das internationale Aktien hält, verstreut auf verschiedene Branchen. Sie können sich auch hier im Vorfeld eine Zahl festsetzen, zum Beispiel 20 % US-Aktien, 20 % Deutsche Aktien, 10 % Währungen, 10 % Anleihen usw. Zudem ist es ratsam, immer Cash zu halten, für den Fall, dass sich eine gute Gelegenheit ergibt, nachzukaufen. Ein weiterer Mechanismus, um Verluste zu minimieren, ist die Stopp-Loss-Funktion. Diese wird standardmäßig bei jedem gängigen Broker angeboten und sorgt dafür, dass Sie Ihr eigenes Limit setzen können, wann der Ordermanager automatisch eine Position verkaufen soll.

Nehmen wir an, Sie haben eine Aktie für 100 EUR gekauft und sind zudem emotional bereit, 50 EUR zu verlieren. Sie stellen also in Ihrer Stopp-Loss-Funktion ein, dass der Ordermanager die Aktie zu einem Kurs von 49 EUR abstoßen soll. Somit verlieren Sie nur das, was Sie vorher bereit waren, zu verlieren. Bestimmen Sie auch für sich, wann Sie Gewinne mitnehmen möchten. Steigt die Aktie auf 160 EUR, Sie sind zufrieden und alle Faktoren deuten darauf hin, dass ab diesem Zeitpunkt nur noch eine Rückwärtsbewegung zu erwarten ist, verkaufen Sie und realisieren 60 EUR. Hier spielt die Emotion Gier eine große Rolle, denn Gewinne verleiten oftmals dazu, seinen Plan oder seine Strategie aus den Augen zu verlieren und weiterzumachen, obwohl alle Zeichen darauf hindeuten, dass der Preis sich in naher Zukunft wieder abwärts bewegen wird. Es ist also wichtig, zu wissen, wie viel Gewinn man erzielen möchte, und dann auch glücklich darüber zu sein, anstatt sich zu überschätzen. Jeder moderne Broker bietet die Möglichkeit, Stopp-Loss-Limits einzustellen.

Sie können Ihr Risiko auch natürlich vollständig minimieren, wenn Sie Ihre Position absichern. Diese Möglichkeit muss gut durchgerechnet sein und am Ende einen Profit abwerfen, da sich sonst Gewinne und Verluste der Absicherung aufheben und Sie am Ende fast nichts erwirtschaftet haben. Die Absicherung auf eine Aktienposition kann eine Put-Option auf die gleiche Position sein. Ein gutes Timing beim Kauf der Put-Option kann ermöglichen, dass Sie am Anfang der Aufwärtsphase der Aktie Kursgewinne realisieren können, während dann, wenn es zu einem Preisverfall kommt, die Put-Option dagegenwirken kann.

Zum Thema Risiko gehört auch unweigerlich die Diversifikation des Portfolios. Stellen Sie sicher, dass Sie nicht alle Ihre Eier in einen Korb legen. Das soll heißen, dass es ratsam ist, in verschiedene Branchen und Sektoren zu investieren. Zudem ist empfohlen, nicht nur allein deutsche Aktien zu kaufen, sondern auch die anderen großen Märkte wie die USA oder Russland auf dem Schirm zu haben. Vorsicht ist immer geboten mit chinesischen Aktien. Es kommt in der westlichen Welt oft vor, dass die Berichterstattung besonders negativ ausfällt, wenn es um den großen Wirtschaftskonkurrenten China geht. Panikverkäufe und Abverkäufe in großem Stil sind hier nicht die Seltenheit. Das führt dann im schlimmsten Fall zu einem absoluten Preisverfall. Dennoch: Machen Sie sich Ihr eigenes Bild.

Ein guter Investor bzw. Trader sollte immer vorher eine Strategie haben und niemals blind einen Trade eingehen.

SCHLUSSWORT

Um erfolgreich an der Börse zu sein, muss man die Börse und ihre Wirkungsmechanismen verstehen. Man muss die Einflussfaktoren, die sowohl von innen als auch von außen auf sie wirken, verstehen. Man muss wissen, was ein Börsenindex ist, man muss die Wertpapiere kennen und wissen, wie man sie einzuschätzen hat. Man muss wissen, was fundamentale Kennzahlen sind und wie man ein technisches Chart zu lesen hat. Aber am wichtigsten ist es, zu verstehen, dass man eine positive und gesunde Einstellung braucht. Emotionen haben an der Börse nichts zu suchen. Man muss am besten wie ein erfolgreicher Großinvestor denken, wie etwa Warren Buffet oder Karl Icahn. Die Psychologie eines Menschen ist entscheidend für seinen Erfolg beim Traden. Wenn man Millionäre oder sehr erfolgreiche Menschen fragt, was der Unterschied zwischen Erfolg und Misserfolg ist, sagen die meisten, dass das eine Einstellungsfrage ist. Während man geneigt ist, den Verlust lange zu betrauern, freut man sich relativ dazu gesehen nur kurz, wenn man einen guten Gewinn realisiert. Das richtige Mindset ist sehr wichtig. Das größte Problem eines Investors ist meist er selbst. Selbstüberschätzung, eine fehlende Strategie und eine emotionale Herangehensweise an die Sache können unter Umständen zu mentalem Stress und somit noch weiter in die Verlustspirale führen.

Jeder Trader muss sich zunächst einmal eine positive Denkweise schaffen. Warren Buffet, dessen Interviews man im Internet finden kann, sagt, dass es zunächst einmal sehr wichtig ist, sein Risiko zu kennen. Es ist fatal, wenn man sich gegenüber der Realität verschließt und immer nur auf Gewinne hofft. Das wird so nicht eintreten, denn selbst die klügsten mathematischen Formeln können nicht voraussagen, wie sich der Markt wirklich entwickeln wird. Hoffnung und Glaube sind zwei große Begriffe, die aber eher in die Kirche passen als aufs Börsenparkett. Also ist Wissen gefragt, Wissen um ein Risiko und um die maximale Höhe des Risikos.

Ein weiterer wichtiger Faktor ist, nur in das zu investieren, das man auch kennt. Ein gutes Beispiel hier ist die große Finanzkrise von 2008. Hier kauften viele Menschen Derivate auf Hypotheken, die kein Mensch mehr verstand. Die Produkte waren so komplex, versprachen aber extrem hohe Renditen. Keine Harvard-Absolventen und keine erfahrenen Investmentbanker sahen die Spekulationsblase. Nur ein einziger Mann, Michael Burry, dem hochintelligente, autistische Züge nachgesagt werden, erkannte das Dilemma und war Genie genug, um gegen alle Richtungen zu wetten. Er sagte voraus, dass es zu einer Krise kommen wird, und spekulierte daraufhin auf den Totalverlust. Er hatte recht und wurde Multimillionär. Das zeigt, wie wichtig es ist, das Wertpapier zu kennen und zu verstehen, wie es funktioniert. Kaufen Sie niemals exotische Derivate, die Ihnen den Himmel auf Erden versprechen. Meist sind diese Papiere so komplex, dass nur die emittierende Bank gewinnen kann.

Um gutes Geld an der Börse zu erwirtschaften, trainieren Sie Ihre Denkweise dahingehend, dass Sie mit Wissen arbeiten. Falls es keine Fakten zu etwas gibt, beispielsweise zur Preisentwicklung einer Aktie, so arbeiten Sie mit Wahrscheinlichkeiten. Das kommt der Realität und den Fakten am nächsten. Gleich im Bonusteil bekommen Sie hierzu sichere Analysetechniken an die Hand. Zudem ist es wichtig, nicht den Massen hinterherzulaufen. Das Phänomen FOMO, was die Abkürzung für Fear of Missing Out ist, ist nicht hilfreich beim Investieren. FOMO bedeutet, etwas zu verpassen, zum Beispiel einen rasanten Kursanstieg.

Doch oftmals erweisen sich diese Impulskäufe als falsch und als riskant. Impulskäufe beinhalten auch wieder den Faktor Emotion. Junge Menschen würden sagen, man muss cool bleiben. Hören Sie nicht auf die Meinung Ihres Nachbarn oder einer negativen oder zu positiven Berichterstattung. Diese Berichterstattungen helfen niemals weiter. Vielmehr ist es klüger, sie zur Kenntnis zu nehmen und seine eigene Analyse zu machen. Ein gutes Beispiel sind hier die Kryptowährungen. Es ist klar, dass die Europäische Zentralbank niemals positiv über Bitcoin und Co. sprechen wird. Es ist durchschaubar, dass große Regierungen den Bitcoin immer als skeptisch und falsch ansehen werden. Sie berichten von Hacker-Angriffen und verteufeln die neue Technologie. Aber der Bitcoin-Preis steht bei ca. 55.000 EUR.

Das Gleiche gilt für Wertpapiere. Oftmals liest man, E-Commerce verdrängt den Handel in der Stadt und die Digitalisierung führt zum Verlust von Arbeitsplätzen. Aber das stimmt nicht, mit fortschreitender Digitalisierung wachsen vielmehr die Möglichkeiten auf neue Jobs. Neue Geschäftsmodelle kommen zum Vorschein. Sie sehen sicherlich, was hier gemeint ist: Hören Sie auf Ihre Strategie und lassen Sie sich nicht beeinflussen, wenn es um Ihr Investment geht. Umgeben Sie sich mit erfolgreichen Tradern oder folgen Sie nachweislich erfolgreichen Menschen in den sozialen Netzwerken. Lassen Sie sich nicht blenden von Werbevideos oder Ähnlichem, die versprechen, dass Sie innerhalb kürzester Zeit Börsen-Millionär werden. Das entspricht nicht der Realität. Es ist möglich, aber nur, wenn man eine Strategie hat und jeden Tag daran arbeitet.

Trainieren Sie sich dahingehend, dass Sie ruhig und gelassen handeln und nicht von Ihrer Strategie abweichen. Falls Sie bei Reddit oder anderen Foren lesen, dass eine Aktie besonders vielversprechend ist und viele denken, dass sie einen rasanten Preisanstieg haben wird, nehmen Sie dies zur Kenntnis, aber distanzieren Sie sich zunächst davon, Ihren Broker zu starten und das Papier zu kaufen. Überprüfen Sie vielmehr anhand der Strategien, der Kennzahlen und der Analysemöglichkeiten, ob das Papier wirklich das Potenzial aufzeigt. Erst, wenn alle Faktoren dafürsprechen, investieren Sie.

Bei Langzeitinvestments empfiehlt es sich außerdem, nicht dauernd ins Portfolio zu schauen. Setzen Sie Ihren Stopp-Loss und rufen Sie sich immer wieder ins Gedächtnis, warum Sie das Papier im Langzeitdepot haben und dass Sie an das Unternehmen glauben. Gerade dafür sind auch ETFs so attraktiv. Legen Sie sie in Ihr Depot und lehnen Sie sich zurück. Ein ETF auf den DAX oder den S&P 500 wird garantiert steigen. Denken Sie hier langfristig und versetzen Sie sich mental in die Vogelperspektive. Sind Sie davon überzeugt, dass es ein globales Umdenken geben wird und grüne Energie auf dem Vormarsch ist? Dann haben Sie keinen Grund, panisch zu werden, wenn Ihre langfristigen Aktien hier einmal nicht so steigen, wie Sie sich das wünschen, aber auf langfristige Zeit gedacht werden sie das. Geduld ist hier das Stichwort. Gute Dinge brauchen oftmals lange Zeit.

Denken Sie perspektivisch für Ihr Langzeitdepot. Abschließend bleibt zu sagen: Um erfolgreicher Anleger und Trader zu werden, investieren Sie in sich selbst. Bilden Sie sich mit Online-Kursen weiter. Kaufen Sie einschlägige Literatur. Lesen Sie alles, was Sie zum Thema Investieren finden. Halten Sie sich immer auf dem Laufenden bezüglich des Weltgeschehens und der Politik. Bilden Sie sich im neuen Feld der künstlichen Intelligenz weiter. Sie werden sehen, die Investition in Sie selbst wird auch der Erfolg Ihrer Investitionen an der Börse sein.

BONUS: KURSGEWINNE REALISIEREN. PRAKTISCHE TIPPS ZUM ERKENNEN VON AUFWÄRTSTRENDS BEI AKTIEN

In den vorangegangenen Kapiteln haben Sie viel über die Börse gelernt: ihre Entstehung, was außerbörslicher Handel bedeutet, welche Arten von Wertpapieren gehandelt werden und die theoretischen Grundlagen der Fundamental- und der technischen Analyse. In diesem Bonusteil finden Sie eine Schritt-für-Schritt-Anleitung, wie Sie den fairen Wert von Aktien nach Benjamin Grahams bekannter Formel berechnen können und wie Sie in einem kostenlosen Chart Indikatoren so einstellen können, dass Sie einen Aufwärtstrend erkennen. Bitte nehmen Sie zur Kenntnis, dass dies ein Vorschlag ist, der sich öfter bewährt hat. Eine Garantie, dass Sie mit dieser Methode Millionen erwirtschaften, gibt es nicht. Dennoch wird sie helfen, vom Markt unterbewertete Aktien zu finden und anhand der technischen Chartinterpretation Kursgewinne zu realisieren. Sie werden sehen, wenn Sie sich strikt an diese Schritte halten, werden Sie am Ende des Jahres Ihr Portfolio gut aufgepolstert haben.

1. Es empfiehlt sich zunächst, eine neue Excel-Mappe zu öffnen.
2. Tragen Sie in eine Spalte alle Aktien ein, für die Sie sich interessieren. Welche Marken mögen Sie? Bei welchen Unternehmen können Sie sich vorstellen, dass sie in Ihrem Depot sind?
3. Tragen Sie nun in der nächsten Spalte jeweils untereinander die Begriffe Ergebnis/Aktie und Buchwert/Aktie ein.
4. Gehen Sie im Internet auf www.finanzen.net und suchen Sie dort die Aktie Ihrer Wahl.
5. Gehen Sie nun, nachdem sich die Seite für Ihre Aktie geöffnet hat, zum Auswahlmenü „Fundamental“ und dort im Speziellen auf „Schätzungen“. Sie finden dort jede Menge Zahlen, dies sind Schätzungen von Analysten für die Zukunft des Unternehmens. Wir benötigen aber für

die Berechnung nach Graham zunächst nur zwei wichtige Zahlen: Ergebnis/Aktie und Buchwert/Aktie.

6. Tragen Sie die Schätzungen der Analysten in Ihr Excel-Sheet ein. Das Ganze kann dann so aussehen für das Beispiel Adidas-Aktie: Sie sehen, hier sind Schätzungen für die Jahre 2020–2022 vorhanden. Da derzeit keine Schätzung für das Jahr 2023 vorliegt, lassen Sie die Spalte einfach leer.

		2020	2021	2022	2023	Share Price
adidas	Ergebnis/Aktie	11	12,39	14,17		172,08
	Buchwert/Aktie	40,14	46,11	56,31		

7. In einer Spalte neben den Schätzungen der Analysten wird der aktuelle Kurswert eingetragen. Im Beispiel ist die Spalte als „Share Price“ benannt.
8. Nun addieren Sie die Jahre jeweils einzeln für Ergebnis/Aktie und Buchwert/Aktie.
9. Von dieser Zahl ziehen Sie 15 % pauschal ab. Das ist ein Risikofaktor, der individuell festgelegt werden kann. Wenn Sie eine höhere Risikotoleranz haben, können Sie hier auch einen kleineren Faktor nehmen. Damit haben Sie eine finale Nummer, hier im Beispiel unter der Spalte „Final Number“ eingetragen.

2022	2023	Share Price	Sum	-15 %	Final Number
14,17		172,08	37,56	5,634	31,926
56,31			142,56	21,384	121,176

10. Für die Aktie Adidas aus dem Beispiel hier gibt es für das Jahr 2023 noch keine Expertenschätzungen, deswegen haben wir insgesamt 3

Jahre (2020, 2021, 2022), die wir nun heranziehen. Teilen Sie die finalen Nummern oben, sowohl Ergebnis/Aktie und Buchwert/Aktie, durch die Anzahl der Jahre, in unserem Fall 3, und tragen Sie das Ergebnis in eine Spalte daneben ein. Hier im Beispiel heißt die Spalte „Per year". Schreiben Sie nun den berühmten Graham-Faktor in eine separate Spalte. Der Graham-Faktor ist eine festgelegte konstante Zahl und beträgt immer 22,5.

Sum	-15 %	Final Number	Per year	Graham Factor
37,56	5,634	31,926	10,642	22,5
142,56	21,384	121,176	40,392	

11. Multiplizieren Sie nun die von Ihnen errechneten Ergebnis/Aktie und Buchwert/Aktie der drei Jahre mit dem Graham-Faktor, also in unserem Beispiel 10,642 * 40,392 * 22,5, und ziehen Sie die Wurzel aus dieser Zahl mit der Wurzelfunktion in Excel. Das Ergebnis sieht so aus:

Final Number	Per year	Graham Factor	Fair Price acc to Graham
31,926	10,642	22,5	98,34
121,176	40,392		

12. Sie haben nun den fairen Preis nach Graham für die Aktie Adidas berechnet. Er beträgt auf Basis der Schätzungen der Analysten 98,34 EUR. Nun vergleichen Sie den fairen Preis mit dem aktuellen Preis. In unserem Beispiel ist der aktuelle Kurs 172,08 EUR, der faire Preis für die Zukunft jedoch nur 98,34 EUR. Somit ist diese Aktie laut Graham nicht unterbewertet. Im Gegenteil, sie wird über ihrem wahren, inneren Wert gehandelt. Laut Graham sollte zu diesem Preis nicht investiert werden. Sie können auch diese Abfrage automatisieren, indem Sie einfach eine Kondition einbauen: wenn Share Price>Fair Price, dann „no", sonst „ja".

Final Number	Per year	Graham Factor	Fair Price acc to Graham	Underweight?
31,926	10,642	22,5	98,34	no
121,176	40,392			

13. Wenn Sie dies für alle Aktien, die Sie interessieren, tun, so werden Sie auf Aktien stoßen, die laut Graham unterbewertet sind. Graham sagt, dass hier der Markt das volle Potenzial des Unternehmens noch nicht im Aktienpreis widerspiegelt. Die unterbewerteten Aktien sind also unsere neue Investition.
14. Bitte bedenken Sie, dass Sie den aktuellen Preis jeden Tag updaten müssen und auch immer wieder einmal in die Schätzungen der Analysten schauen sollten, ob sich etwas an den Zahlen geändert hat oder ob neue Schätzungen für die Jahre 2023 oder 2024 bereits veröffentlicht wurden. Es wird auch Fälle geben, da müssen Sie mit zwei vorgegebenen Jahren arbeiten.
15. Sie können das Excel-Sheet um zahlreiche andere Faktoren, die Ihnen wichtig sind, erweitern. So können Sie beispielsweise einen individuellen Stopppreis kalkulieren, indem Sie sich einen persönlichen Risikofaktor überlegen, beispielsweise 5 %. Wenn wir bei unserem Beispiel bleiben, würde das bedeuten, dass Ihr Stoppkurs bei 163,48 EUR liegt. Das heißt, wenn Sie es hinnehmen können, 5 % zu verlieren, wäre Ihr Limit bei 163,48 EUR erreicht (172,08-(172,08*0,05)).

Es ist noch einmal darauf hinzuweisen, dass diese Methode eine ist, die auf Graham beruht. Der Kontext unserer heutigen modernen Zeit kann jedoch absolut unrealistische Zahlen liefern. So wird eine Amazon-Aktie unter dieser Formel immer als übergewichtet erscheinen, auch eine Tesla-Aktie usw. Das liegt daran, dass bei vielen Tech- bzw. Innovationsunternehmen der Preis das enorme Potenzial dieser Innovation widerspiegelt. Verwenden Sie obige Anleitung für alteingesessene Unternehmen wie die Allianz, Bayer oder Coca-Cola.

Nun, da Sie unterbewertete Aktien gefunden haben, kommen wir zum technischen Teil der Analyse, um herauszufinden, ob sie sich in einem Aufwärtstrend befinden. Unser Ziel hier ist es, Kursgewinne zu realisieren. Hier eine Schritt-für-Schritt-Anleitung für den günstigsten Einstiegszeitpunkt.

1. Gehen Sie wieder auf finanzen.net.
2. Suchen Sie die Aktien, die nach der Fundamentalanalyse als unterbewertet gelten.
3. Gehen Sie auf den Reiter „Chart (groß)“. Es wird sich ein Fenster mit einem Graph öffnen. Innerhalb dieses Fensters finden Sie rechts oben einen Reiter „Profichart öffnen“. Klicken Sie ihn an. Falls sich nun viele kleine, unabhängige Fenster öffnen, wie Marktübersicht und DAX 40 usw., ist etwas schiefgelaufen. Das liegt meist an Ihren Einstellungen. Schließen Sie diesen Tab und versuchen Sie es noch einmal.
4. Sie haben nun ein Candlestickchart der zu untersuchenden Aktie vor sich. Belassen Sie die voreingestellte Zeiteinheit. Sie ist monatlich. Wenn Sie später mehr Erfahrung haben und täglich handeln wollen, können Sie sie auf täglich oder gar minütlich ändern.
5. Gehen Sie auf den Pfeil rechts neben dem Reiter „Indikator“. Es öffnet sich ein Menü. Wählen Sie nun die Option gleitender Durchschnitt. Automatisch erscheint ein Graph innerhalb Ihres Charts. Klicken Sie nun auf den Graphen und klicken Sie dann, wenn der Graph angeklickt ist, die rechte Maustaste. Belassen Sie die Standardeinstellung so, wie sie ist, ändern Sie nur die Periode. Dort ist standardmäßig 38 drin. Ändern Sie sie auf 20.
6. Wiederholen Sie den Schritt 5 noch einmal. Nun ändern Sie aber bitte die Farbe des Graphen auf zum Beispiel Blau und die Periode auf 30. Nun haben Sie zwei Graphen in dem Chart. Beide zeigen den gleitenden Durchschnitt des Preises an, einer für die letzten 20 Tage, der andere für die letzten 30.

7. Gehen Sie bitte erneut zum Reiter Indikator und klicken Sie in dem Menü auf RSI (Relative Strength Index). Der Index wird unterhalb des Charts dargestellt. Klicken Sie auf den Graphen und klicken Sie dann auf die rechte Maustaste. Wählen Sie die Periode 38 aus.
8. Gehen Sie bitte erneut zum Reiter Indikator und klicken Sie in dem Menü auf Commodity Channel Index. Dieser wird nun unterhalb des RSI angezeigt. Klicken Sie auf den Graphen und dann klicken Sie die rechte Maustaste. Ändern Sie lediglich den Faktor Constant von 0,015 auf 0,03.
9. Der beste Zeitpunkt, um in diese Aktie einzusteigen, ist, wenn diese vier Kriterien erfüllt sind:

- Der RSI ist größer als 50,000
- Der CCI ist größer als null
- Die Abschlusskerze des vorangegangenen Handelstages ist grün

Nur wenn diese vier Kriterien simultan erfüllt sind, wird der Preis nach oben gehen. Diese Aussage können Sie auch selbst gut überprüfen, indem Sie sich die Historie auf dem Chart anschauen. Immer wenn die Kerzen nach oben gehen und die Kurse steigen, sieht man, dass diese vier Kriterien zu jedem Zeitpunkt erfüllt waren. Betrachten Sie hierzu das Chart über ein Jahr hinweg. Immer wenn der graue Graph über dem blauen war und zudem der RSI und der CCI nach oben gingen, gab es eine Kurssteigerung.

Der beste Zeitpunkt, um sich nun über die Kursgewinne zu freuen und auszusteigen, ist, wenn zwei der folgenden Kriterien erfüllt sind. Sie deuten auf einen Preisabschwung hin.

- Der Graph für den gleitenden Durchschnitt 30 Tage liegt über dem Graph für den gleitenden Durchschnitt 20 Tage
- Der RSI ist kleiner als 50,000
- Der CCI ist kleiner als null.

Für den Einstieg müssen also vier Kriterien erfüllt sein, für den Ausstieg zwei. Wenn Sie sich hieran halten, so werden Sie Kursgewinne realisieren. Dabei ist die Rendite auch immer abhängig vom eingesetzten Kapital. Überprüfen Sie immer, wenn Sie am Rechner sitzen, ob sich die Aktien noch im Aufwärtstrend befinden. Sie können das täglich tun oder aber auch alle zwei Tage. Wichtig ist nur, dass Sie den Ausstieg nicht verpassen, wenn Sie Kursgewinne realisieren möchten. Wenn Sie die Aktien aber für einen sehr langen Zeitraum halten möchten, weil sie gute Dividende einbringt, so müssen Sie natürlich nicht so oft auf den Chart schauen. Bitte bedenken Sie, dass die Analysetechniken nur unter der Prämisse funktionieren, dass alle äußeren Marktumstände normal sind. In diesem Sinne, viel Spaß und viel Erfolg beim Handeln!

CHECKLISTE

1. Wie viel Startkapitel kann ich nutzen, sodass mir noch genug für meine täglichen Unkosten und ein Puffer bleibt?

____

____

2. Bei meinem Broker ist mir wichtig, dass...

____

____

3. Ich habe die Kosten meines Brokers, dessen Standort und Nutzerkritiken geprüft.

Standort: Bewertungen:

4. Meine Präferenzen bei Anlagen stufe ich wie folgt ein:

Schneller Gewinn: ______________________________
Geringes Risiko: ______________________________
Nachhaltigkeit: ______________________________
Langfristige Anlage: ______________________________
Höhe Rendite: ______________________________
Große Diversifikation: ______________________________

5. Ich interessiere mich daher für folgende Investitionsmöglichkeiten (Grund eintragen):

____

____

____

____

____

____

____

Notizen zu meinen Anlagestrategien:

____

____

____

____

____

Literaturverzeichnis

- Bachmeier, Martin (2020): Aktien Komplett-Anleitung. E-Book: Martin Bachmeier.
- Bundesanstalt für Finanzaufsicht (2019): Geldanlage. Das kleine ABC in leichter Sprache. Frankfurt: BAFIN.
- Deutscher Derivate Verband (2016): Das Zertifikate- und Börsen-ABC. Berlin/Frankfurt: Deutscher Derivate Verband.
- Diverse (2021): [online] https://www.finanzen.net/ [abgerufen am 25.10.2021].
- Gallati, Reto R (2013): Verzinsliche Wertpapiere. Wiesbaden: Gabler.
- Graham, Benjamin (2013). Intelligent Investieren: Der Bestseller über die richtige Anlagestrategie. München: FinanzBuchverlag.
- Hayes, Adam (2021): Profitability Ratios. [online] https://www.investopedia.com/terms/p/profitabilityratios.asp [abgerufen am 20.10.2021].
- Heussinger, Werner H.und Röhl, Christian W. (2016). Cool bleiben & Dividenden kassieren. München: FinanzBuch Verlag.
- Kostolany, André (2015). Die Kunst, über Geld nachzudenken. Berlin: Ullstein TB.
- Luther, Thomas: Fonds. Basiswissen für Einsteiger. [online] https://download.e-bookshelf.de/download/0002/5558/68/L-G-0002555868-0007895932.pdf [abgerufen am 22.10.2021].
- Morrien, Rolf und Engst, Judith (2018): Börse leicht verständlich. Von der Depot-Eröffnung zum optimalen Depot. München: FinanzBuchverlag.
- Sander, Beate (2020). Der Aktien- und Börsenführerschein – Jubiläumsausgabe. München: FinanzBuchverlag.
- Scherbaum, Christoph A. (2020). So funktioniert die Börse. Freiburg: Haufe-Lexware.
- Schwanfelder, Werner: Aktien für Einsteiger. Schritt für Schritt zum Anlageerfolg. Frankfurt/New York: Campus Verlag.
- Unbekannt: [online] https://www.boerse.de/grundlagen/ [abgerufen am 25.10.2021].
- Unbekannt: [online] https://school.stockcharts.com/doku.php?id=overview:technical_analysis [abgerufen am 25.10.2021].

Wir danken Ihnen für Ihr Interesse und Ihr Vertrauen. Als Dankeschön dafür, haben wir eine besondere Überraschung. Wir haben einen **ultimativen Leitfaden für Einsteiger ins Aktien- und Börsengeschäft** für Sie. Und dieses erhalten Sie vollkommen kostenlos. Das klingt wunderbar? Dann warten Sie nicht lange und holen Sie sich Ihr Gratis-Geschenk.

Hier geht es zu Ihrem Gratis-Geschenk:

https://forms.gle/gduy3doWN5ejuaub9

1. **Öffnen Sie die Kamera-App auf Ihrem Smartphone und richten Sie die Kamera auf den QR-Code.**
2. **Klicken Sie auf den Link, der Ihnen angezeigt wird und schon werden Sie zur Website weitergeleitet.**

Impressum

Verlag: Orbita Media Verlag GmbH & Co. KG / Ericusspitze 4 / 20457 Hamburg / Deutschland
Website: https://orbita-media.de
Cover Image: Shutterstock
ISBN: 9783989358553

www.ingramcontent.com/pod-product-compliance
Lightning Source LLC
LaVergne TN
LVHW010823051026
849532LV00007B/2613